Implicit Guarantee of
Local Government Debt

隐性担保与地方政府债务风险防范

沈红波　王叙果 ◎ 著

复旦大学出版社

序言

改革开放以来,我国经济发展实现了较长时期的高速增长。目前,经济发展模式正处于从高速增长向高质量增长转型的重要时期。过去经济的高速增长有着明显的投资驱动特征,其中,各级地方政府的融资平台投资是重要的构成部分。在分税制改革下,地方政府追求GDP考核和晋升激励,纷纷设立了地方融资平台。融资平台的设立,在缓解地方财政压力和促进地方经济发展等方面发挥了重要的作用。然而,地方融资平台面临两个突出的问题:第一,透明度较低,很多盈利前景较差的项目却债务负担过重;第二,融资平台普遍严重的中短期银行贷款依赖。中央政府对融资平台进行严格的监管,政策均试图厘清地方融资平台与地方政府之间的关系,推动地方融资平台的市场化转型。

国外学者对政府债务风险研究主要是基于财政风险矩阵,国内学者从不同角度研究了我国地方政府性债务形成的原因及债务风险测算方法,但这些研究尚有不足之处。首先,多数学者研究了地方政府过度负债的动因,但是没有形成有效的分析框架,也没有客观分析地方债务的潜在收益和潜在风险;其次,对地方债务风险的研究,多数学者只研究了地方债务某一领域的风险,事实上,债务风险不是孤立的，有着其内在的风险动因和传导机制；最后，对债务风险防范领域，有较多学者从政府预算和控制的角度进行了分析，并没有从透明度的原则出发来设计地方政府债务风险的防范措施。

本书构建了一个地方政府过度负债动因的理论框架，分析地方政府债务风险及其传导机制，并基于政府债务主体透明化、政府发债方式透明化、政府财务报表透明化三个角度提出防范地方政府债务风险的根本性措施：第一，地方政府的债务要透明化并与地方政府官员的考核挂钩；第二，采用城投债专项发行置换银行债务；第三，地方债务规模要和GDP挂钩，避免过度负债。

沈红波是复旦大学金融学教授，长期从事公司金融和金融市场的研究。王叙果是南京审计大学金融学教授，本书是他们近十年来研究成果的总结，部分内容已在国内权威学术刊物上发表，这次出版进行了系统地整理供各位读者朋友交流讨论。

我相信，《隐性担保与地方政府债务风险防范》的出版，能够对银行信贷监督和商业银行信用评级以及对政府制定与债务相关的政策起到积极的作用，提供有益的参考。

陈学彬

2020年9月于复旦大学

前言

中国是以银行为主要金融中介的国家,银行贷款目前仍是我国企业融资尤其是债务融资的主要途径。然而,由于受到政府的干预,特别是地方融资平台,这影响了银行贷款的监督效率和货币政策的传导机制。目前国内外的研究普遍认为,政府隐性担保和商业信贷呈现此消彼长的关系。

近些年来,分税制改革背景下兴起的地方政府投融资平台在推动城市化进程、促进区域经济增长、拓展地方融资渠道方面发挥了十分重要的作用。但是,随着地方融资平台规模的不断扩大,我国的地方性债务问题日益突出,地方政府债务由于财政分权机制、官员晋升激励考核、预算约束软化、隐性债务不透明、调控方式不精准等因素的影响,其积累的风险越来越大,债务规模的迅速扩张从多个方面对宏观经济产生冲击。党的十九大要求重点抓好决胜全面建成小康社会的三大攻坚战,其中防范化解重大风险的重点是防控金融风险,而地方政府债务风险更是处于关键位置。本书一方面对地方政府过度负债的动因构建了有效的分析框架,分析了地方政府债务风险的传导机制;另一方面对防范和化解地方政府债务风险的路径进行了系统分析,具体包括深化财权与事权分配机制改革,完善政府官员考核机制、信用评级机制和体系，打破刚性兑付、消除隐性担保、推进地方财政透明度建设以及加强地方债务利率与GDP挂钩等，从而有效化解地方政府隐性债务风险。这对于促进金融体系资源的有效配置、提高财政运行质量、保障经济稳定发展、推动社会安定和谐具有重要的理论和现实意义。

一、本书的主要内容

本书针对当今严重的地方政府债务问题进行了深入研究，建立起地方政府过度负债的分析框架，并分析了地方政府债务风险的内在动因和传导机制，在此基础上基于透明度原则建立了地方政府债务风险防范体系，研究发现以下主要结论：

(1) 地方政府融资平台是以往地方政府追求经济高速增长而产生投资冲动的外化体现，在经济实践中逐渐成为地方政府过度负债的工具，其银行贷款依赖、投融资期限错配和高度政治化等问题直接导致了地方政府债务风险的积聚。其根源在于地方政府的投资意愿、融资需求和地方官员的个体视角，因此，引导地方融资平台完成市场化转型是防范地方政府债务风险的关键环节，其发展分为融资工具期、初步市场化转型期和全面市场化转型期三个阶段。

(2) 通过对一些严重的地方政府债务问题进行深入分析，发现财政分权、晋升激励和软预算约束对地方政府的经济行为产生了深刻影响，导致地方政府经济行为的"变异"。在财权、事权不对等的条件下，地方政府通过建立大量的地方融资平台进行超过自己能力的经济发展，极大地高估了地方政府未来的还款能力，导致银行的坏账率大大增加，威胁到我国银行体系的稳定发展，给中国经济的健康发展埋下很深的隐患。

(3) 以 2005—2013 年中国工业企业数据库中非上市国有企业为样本，从预算软约束和金融市场结构两个维度剖析造成国有企业投融资期限错配的内在机理，发现我国央企和地方国企的投资更依赖新增债务而非留存收益，预算软约束问题严重；金融市场提供长期资金的能力不足，国有企业进行长期债务融资的渠道受限；国有企业的投资活动更依赖新增短期债务，存在投融资期限错配问题，且地方国有企业的投融资期限错配问题更加严重。

(4) 基于地级市的宏观数据和城投平台的微观数据，探究地方政府债务风险与城投债信用评级和信用利差之间的作用机制，发现地方政府债务风险的高低并未对城投债发行时的主体信用评级产生显著影响，但地方政府债务风险对城投债的信用利差具有显著的负面影响，降低了信用评级的有效性，削弱了高信用评级对于降低信用利差的作用，显著影响了城投债的发行价格。地方政府债务风险、城投债信用评级、城投债信用利差这一传导机制在信用评级这一环节出现"断点"。

(5) 通过 2014—2017 年发行的地方国企信用债数据，检验了债券违约对债券市场的作用机制，发现债券违约存在省内的传染效应，违约能降低省内其他国企债券的发行评级，国企债券违约后，信用评级降低债券发行利差的作用下降，同时隐性担保能显著降低债券发行利差，随着省内债券违约数额的增加，隐性担保的作用下降，这表明国企债券违约打破了刚性兑付，有利于强化市场约束，降低政府隐性担保，并促进债券市场的长远健康发展。

(6) 通过剖析地方融资平台获得银行授信额度与两种债务置换行为的关系，发现银行授信向债券市场提供了增量信息，更高的授信额度将显著提升城投债的信用评级，降低发行成本，获得授信额度越高的融资平台,主动债务置换倾向越强,置换规模越大,且承担的政府性债务越多,并且随着融资平台的市场化转型,授信额度对主动债务置换行为的影响逐渐强烈。

(7) 经过模拟计算发现普通债券锁定的是名义收益,而与 GDP 挂钩的债券锁定的是实际收益,普通债券收益是否能超过与 GDP 挂钩的债券的收益,关键在于实际 GDP 增长率与平准 GDP 增长率之差,在地方经济低速增长阶段,发行与 GDP 挂钩的债券可以降低政府的债务风险,此外,债务的本金进行分期偿还也可以降低政府的债务风险。

二、本书的学术价值

本书不同于以往的研究,采用的是微观的数据来研究宏观的政府债务风险。运用了 Wind 资讯金融终端的城投债数据、债务违约数据、中国工业企业数据库等,从较为新颖的视角研究地方政府债务风险及其化解问题。本书在学术上的创新价值在于:对地方政府过度负债的动因形成了有效的分析框架,客观分析了地方债务的潜在收益和潜在风险,探索出地方债务风险的内在风险动因和传导机制,从透明度的原则出发设计了地方政府债务风险的防范措施。这对于推动银行体系稳定发展、防范金融风险、促进中国经济健康增长有着重要的理论意义。同时,对于这些问题的分析和讨论有利于政府制定有效的信贷政策,化解高杠杆风险,提高财政运行质量,还能进一步促进金融体系资源的有效配置,使本书的学术价值在实践中得到充分地发挥和应用。值得强调的是,专著中的论文曾获得邓子基财经学术论文奖,并且大部分学术成果已在国内著名刊物上发表。

三、相关政策建议

本书根据地方政府债务存在的问题进行了大量的实证分析,并深入研究了地方政府债务风险的原因及传导机制,这不仅有利于推动地方融资平台市场化转型,打破政府隐性担保,提高财政运行质量,更有利于防控地方政府债务风险,推动银行体系和金融体系的稳定发展,从而促进中国经济的健康持续增长,我们的结论为政府更好地深化财政体制改革并进行信贷资源的优化配置提供了有益的参考。基于以上研究结论,我们提出以下政策建议:

(1) 进一步深化财政分权改革,对中央和地方的财权、事权作进一步科学合理的划分,在充分考虑地区间的差异和差距条件下进行适度分权;允许地方政府有条件地发行公债,促使地方政府的隐形债务问题显性化,加强地方政府的财政职能和平衡预算;建立健全科学的政府政绩考核评价体系,完善官员选拔任用制度,防止出现地方政府短视行为;硬化国有商业银行的预算约束,强化国有商业银行的风险意识,改正短期经营思想。

(2) 打破政府隐性担保,强化银行的预算硬约束功能,实现信贷资源的优化配置,使信贷风险被真实、合理地定价,化解国企高杠杆风险;强化国有企业内源融资功能,避免过度依赖举债融资,以自身实力去杠杆;发展多层次资本市场,通过股权和债券的方式为地方国企的长期投资提供长期资金,缓解期限错配问题;降低政府干预,剥离国有企业的政策性负担,还原企业真实的盈利状况,加强国有企业综合业绩评价和激励机制设计。

(3) 完善我国信用评级机制和体系,发展第三方信用评级,使得地方政府债务风险、城投债信用评级、城投债信用利差三者之间的传导机制有效运行;打破刚性兑付,消除政府隐性担保,制定合理的城投债管理机制，推动政府债务信息和城投企业信息透明化；推动城投债的资金流向高收益率的项目，真正开发有价值、有潜力的产业和项目进行投资，以市场化为主导，以项目的盈利性和现金流作为保障，实现政府投资的可持续稳步发展。

(4) 打破债券市场的刚性兑付，降低政府的隐性担保，使得风险被真实、合理地定价，使投资者认识到风险收益的匹配性，促进信用债的市场化发展，完善信用评级制度，提高投资者的信用研究能力和风险识别能力；加强投资者保护制度，使不同风险偏好的投资者都能匹配适合的保障条款，完善债券违约退出制度，发展信用风险缓释工具，加快信用违约互换的发展，以满足债券投资人风险对冲的需要。

(5) 商业银行应当根据地方融资平台的盈利能力和偿债能力对其获得的授信额度进行动态调整，约束过度债务融资的情形；对融资平台做到"疏堵结合"，在约束债务融资的同时增强其盈利能力，剥离其为公益性项目融资与建设功能，引导其参与经营性项目建设；增强以商业银行为代表的金融机构对地方融资平台的监督与约束，加快推进财税改革，提高地方政府和地方融资平台财务信息的透明度与真实性，对地方政府的举债行为建立"硬约束"机制，打破其债务的刚性兑付，去除地方政府对融资平台提供的隐性担保。

(6) 地方债务的利率与GDP挂钩，帮助地方政府平滑债务风险，使各地政府依照当地经济形势的好坏调整还债数额，分期偿还本金以减小一次性偿还的压力；运用市场机制，减少中央政府干预，给地方一定的融资自主权，让地方政府根据当地的发展需要，因地制宜地筹集资金，避免制造大量的隐性负债，从而进行有效的债务风险控制。

目录

第一章 基于财政透明度的地方政府债务风险 …………… 1
  第一节 研究意义和价值 …………………………………… 2
  第二节 国内外研究现状及述评 …………………………… 3
  第三节 研究内容 …………………………………………… 11
  第四节 思路及方法 ………………………………………… 19
  第五节 本书的主要创新以及重点和难点 ………………… 21

第二章 地方政府债务的发展历程 ………………………… 25
  第一节 地方政府债务的研究背景 ………………………… 26
  第二节 地方融资平台的发展历程 ………………………… 30

第三章 财政分权、晋升激励和预算软约束 ……………… 38
  第一节 财政分权对地方政府经济行为的影响 …………… 40
  第二节 软预算约束下的地方政府过度负债 ……………… 46
  第三节 研究结论和建议 …………………………………… 49

第四章 地方债务的投融资期限错配风险 …… 55
第一节 理论分析与研究假设 …… 57
第二节 研究设计与样本选择 …… 62
第三节 实证研究结果及其分析 …… 67
第四节 投融资期限错配治理的政策建议 …… 74

第五章 地方政府债务风险与城投债信用利差 …… 79
第一节 文献回顾及研究假设 …… 81
第二节 研究设计 …… 85
第三节 实证检验结果及分析 …… 90
第四节 研究结论及政策建议 …… 101

第六章 政府隐性担保、债券违约与国企信用债利差 …… 105
第一节 理论分析和研究假说 …… 108
第二节 研究设计 …… 113
第三节 实证研究结果 …… 117
第四节 研究结论和建议 …… 126

第七章 银行授信、城投债发行与地方融资平台债务置换 …… 131
第一节 文献回顾及研究假设 …… 133
第二节 数据及研究设计 …… 138
第三节 实证检验结果及分析 …… 144
第四节 研究结论及政策建议 …… 160

第八章　GDP 挂钩债券与地方政府债务风险防范 ………… 163
　　第一节　地方政府过度债务风险的宏观后果 ………… 166
　　第二节　GDP 挂钩债券的基本原理及其在风险防范中的运用…… 168
　　第三节　研究结论与建议 ………………………………… 175

参考文献 ……………………………………………………… 179

第一章

基于财政透明度的地方政府债务风险

第一节 研究意义和价值

2013年12月召开的中央经济工作会议明确提出,防控地方债务风险是2014年经济工作的六大任务之一。这表明,地方政府债务问题已经上升到前所未有的高度。近年来,地方债务规模日益庞大,虽然地方债务问题还没到爆发系统性风险的程度,但中央以防患于未然的态度主动挤泡沫、降杠杆、防风险。

地方债务问题主要由财政分权、官员晋升激励、预算软约束等多种因素导致。首先,中央与地方财权事权的不匹配造成地方政府负债运行;其次,"唯GDP论"的政绩观和考核方法会刺激地方政府的投资冲动,而大量的投资只能通过举债的方式筹措资金;最后,预算软约束(即地方政府不会破产),是金融机构敢于向地方政府发放大量债务的重要因素。2013年12月,中共中央组织部印发《关于改进地方党政领导班子和领导干部政绩考核工作的通知》,规定,今后对地方党政领导班子和领导干部的各类考核考察,不能仅仅把地区生产总值及增长率作为政绩评价的主要指标,还要把政府负债作为政绩考核的重要指标,强化任期内举债情况的考核、审计和责任追究,防止急于求成,以盲目举债搞"政绩工程"。这表明,中央政府已经开始对地方官员"从思想上纠正不正确的政绩导向",对"唯GDP论"进行纠正,中央已经对地方债务的源头进行控制,开始真正地"加强源头防范"。

我们认为,地方政府债务是一把双刃剑。适度利用有益地方社会繁荣和经济发展,过度利用则会伤及自身,欲速不达。债务是地方政府的客观需要，其关键在于透明度。想从根本上防范地方政府债务的潜在风险，需要从透明度的角度进行治理。首先，地方政府应该对融资主体进行透明化，不应采用融资平台或项目融资的方式；其次，地方政府还应该对融资方式进行透明化，不应采用影子银行等方式，应该调整债务结构，变间接融资为直接融资，加大债券市场的建设，推动地方融资平台发行企业债、短融、中票等，将地方政府融资规范化、透明化；最后，应按照透明度的原则编制地方政府的资产负债表和损益表。透明度是促进效率、保障政府责任的一种方法。透明度原则也能协调市场预期与政府预期，使政府行为和市场行为更为统一。

因此，基于透明度原则研究如何防范地方债务风险，对于当前的经济运行有着重要的意义。自2013年开始，中信信托和中诚信托发布违约风险公告，这让社会更加关注经济下行下的地方政府债务风险问题。在中国的制度背景下，地方政府的过度负债动因是什么？地方政府负债的风险及其传导机制如何？如何从透明度的角度让地方政府自我约束并接受社会监督？对上述问题的研究对防范金融风险、促进中国经济增长有着重要的理论和现实意义。

第二节 国内外研究现状及述评

一、国内外研究现状

党的十九大报告明确指出，我国当前的经济发展方式面临着跨时代的转型，由过去的高速增长阶段转向追求经济的高质量发展阶段。经济发展质量日益重要的内在根源，是昔日谋求经济高速增长的过程中产生了诸多负面影响（陈诗一和陈登科，2018）。其中，在投资依赖的经济增长方式下，地方政府在基建设施上的支出偏向导致政府部门的杠杆率攀升、债务风险逐渐积累是亟待解决的问题之一（梅冬州等，2018）。自2019年开始，大部分城投债到期，存量债亟待偿还，增量债仍在累积，地区债务风险不断积聚。本质上，地方政府债务风险的积聚是以往地方政府追求经济高速增长而产生投资冲动的外化体现，合理的债务对促进地区经济增长具有正面作用，但地方政府债务面临的突出问题是政府隐性债务比例过高。要从根本上防范地方政府债务的潜在风险，关键在于透明度。因此，在中国特殊制度背景下，基于透明度原则研究如何防范地方债务风险，对于促进中国经济稳定运行有着重要的理论意义和现实意义。

国内外学者对于地方政府债务风险研究主要集中在三个方面：其一是地方政府债务的原因，其二是地方政府债务风险的分类及治理研究，其三是地方政府债务透明度研究。

1. 地方政府债务原因研究

国外对地方政府债务及其风险的研究始于20世纪80年代，但直到20世纪90年代才开始深入检验债务风险。研究发现，转型国家随着经济自由化改革和向市场经济转型，其财政分权的程度也在提高（Bird，1992）。部分原先由中央政府承担的公共支出逐渐下沉至各级地方政府，而且由于快速的城市化进程，中央出计划不出资金，地方政府的基建投资常常带来巨大的融资压力，这使得地方政府的财政赤字以及债务融资的压力随着财政分权的改革而进一步增加

（Wildasin，1996）。由于过分挤压了地方政府的财政收入能力，上级政府也常常会通过税收比例的调整向地方进行地税的转移以减缓地方政府财政收支失衡的压力（Ter Minassian，1997）。尽管地方财政的支出压力和财政收入紧张两方面的因素都导致地方政府对债务的强烈需求，但是实际上转型国家地方政府的平均债务水平远低于发达国家（Dafflon，2009）。这是因为，习惯于计划经济思维的国家通常认为政府债务是财政不稳定的标志（Hogye，2002）。事实上，转型国家的债务风险主要集中在其国家的不发达地区，发达地区的适度负债不仅仅风险较低，反而对经济增长起到了较大的促进作用。地方政府的预算软约束对过度借款和财政支出有激励作用（Wildasin，2004；Goodspeed，2002；Boadway & Tremblay，2005）。

在地方政府的债务动因方面，吴俊培等（2013）认为，财政税制和转移支付是导致地方过度负债的根本原因。周黎安（2004）则从政治和地方官员的激励角度出发，证实了地方官员处于一场以任期内GDP增长为考核指标的"政治锦标赛"中，这是地方政府过度负债的重要因素。周雪光（2005）指出，为了在短期内做出引人注目的政绩，地方官员有动力动员足够的资源，突破已有的预算。还有的学者认为，宏观政策才是当前地方政府过度负债的重要诱因（肖耿等，2009；沈明高和彭程，2010；魏加宁，2010；Azuma & Kurihara，2011）。受美国次贷危机引发的国际金融危机影响，我国从2008年开始实施宏观经济调整，实施积极的财政政策和适度宽松的货币政策，并要求地方政府为项目进行配套融资，这导致了货币信贷的大幅增长，货币增长的大部分流向了地方政府的融资平台。此外，对地方债务动因的解释还有预算软约束，在中国现行的财政体制下，地方政府的投资难免碰到经营风险，由于地方财力有限，最终的损失可能还是由中央来承担。林毅夫(1999)对此的解释是,由于地方存在政策性负担,中央无法在事后区分地方的亏损究竟是管理导致还是由于政策性负担。同时,没有破产清算的约束,会带来预算的软约束问题。对地方债务的风险,许成钢(2010)认为,当前地方债务存在的最大风险,是地方债务是以土地的预期价值作为抵押,在中国房地产泡沫的背景下,这进一步给银行和金融系统极大的风险。李迅雷(2013)认为,当前地方政府的债务越来越依靠信托等影子银行,然而,信托贷款由于不需要缴纳存款保证金,而且没有存贷比限制,一旦出现信用风险,则会带来资金链断裂,并在极短的时间发生连锁反应,导致系统性金融风险。

2. 地方政府债务风险的分类及治理研究

在债务风险的分类及其治理领域,世界银行的高级经济学家白海娜(Hana Polackova Brixi,1998)从或有负债的角度,创造性地提出了财政风险矩阵(fiscal risk matrix),她将政府债务风险来源分为四种类型:直接显性债务、直接隐形债务、或有显性债务、或有隐形债务,并系统阐述了这四种债务的特征及其风险。威廉·伊斯特利(Easterly,1999)论述了许多国家地方政府所具有的财政机会主义特征,他认为,政府在进行财政调整以减少账面债务余额时,往往只是一种假象,因为直接显性债务减少的同时,往往带来等量隐性债务的增加。近年来,地方债务问题也成为国内学者的研究热点。刘尚希(2003)从公共主体出发,认为政府不仅仅是经济主体,也是公共主体,他构建了一个财政风险的分析框架,认为财政风险是私人风险转化为公共风险时的产物,且财政风险与制度变迁的速度紧密相关。中国地方政府债务主要是来自融资平台的偿付风险以及"长贷短存"的资产负债期限错配风险（肖耿等，2009；刘煜辉和张榉成，2011；沈明高和彭程，2010）。

世界银行的马骏（2005）对地方债务风险的国际经验进行了全面的总结，创造性地设计了一套适合发展中国家的风险计量指标，并对如何监控该指标的有效运行提出若干建议。在地方政府陷入债务危机后的治理方面，要想真正有效地对地方政府债务进行可持续管理，必须配合危机处理解决机制，他提出了三类方法：对地方财政进行行政干预、对地方财政进行财务调整以及对地方财政采用司法裁决（Ahmad et al.，2006）。而防范中国地方政府债务风险，则应完善财政体制，解决地方政府预算软约束问题（刘尚希，2009；许成钢，2010；陈健，2007）；规范地方政府通过地方融资平台的融资行为，以抑制地方债务的过度增长（肖耿等，2009；高自强，2010；贾康，2010b；刘煜辉、张榉成，2010）。最重要的是以透明度原则为基础的市场化治理：需要相应的制度基础，包括国内自由开放和完善的金融市场以及透明的债务信息公开和传导机制（George & kopits，Jon Craig 1998；Rodden & Eskeland，2003）；提高财政透明度，建立地方财政财务公开报告制度（葛永波等，2009；贾康，2009），以建立市场化、规范化的地方政府融资机制（潘功胜和李扬，2014）。

3. 地方政府财政透明度研究

近年来，地方政府债务呈现指数式增长，持续扩张的地方政府债务深刻影响到国民经济的良性发展并加剧了财政体系与金融体系的风险，因而防范地方政府债务风险尤为重要。在显性债务方面，各省债务额度分配不够透明，指标依据有待完善，各级地方政府债务信息披露不完整，债务资金使用信息缺乏，难以满足各方面的需要；相对于显性债务，我国隐性债务透明度更低，问题更多，一方面，隐性债务没有统一界定；另一方面，隐性债务信息缺乏有效的整合和发布制度（温来成和马昀，2019）。

债务是地方政府的客观需要，其关键在于透明度。20世纪90年代以来，随着公共财政理论和实践的不断发展，财政信息的公开和透明引起各方关注。从理论层面来看，信息经济学尤其是不对称信息下的博弈和决策理论，揭示了信息透明度的价值；从实践来看，地方政府透明度是目前公共财政建设的前提要素和重要制度安排，是政府履行民主财政、科学财政的受托责任。1998年，乔治·科普蒂斯和乔恩·克雷格提出财政透明度的概念，并指出其内涵是：向社会公众最大限度地公开关于政府结构和职能、财政政策意向、公共部门账户和财政预测的信息，并且这些信息是可靠的、详细的、及时的、容易理解并且可以比较的。财政透明度有利于推进良好的政府治理，有利于保障公民知情权，还有利于加强财政问责。国内的学者对地方政府的财政透明问题主要集中在信息的透明。刘笑霞等（2008）认为，我国财政信息的透明与国际货币基金组织（IMF）财政的透明度基本要求相比有较大差距，应当加强政府信息的公开，并建立相关的质量保证机制，以提高财政（信息）的透明度。葛永波等（2009）构建了财政透明度的分析框架，从地方财政的信息披露对象、信息披露范围、信息披露内容、信息披露具体化程度、信息披露方式等五个角度构建了透明度的内涵。贾康（2009）基于财政透明度原则，对政府财务报告的总体目标及其三个递进层次进行了深入研究，并对政府财政透明度的目标提升及其重构进行了分析。

根据委托-代理理论，我国政府结构可以划分为中央政府与地方政府以及地方政府与企业、商业银行等财政信息需求者两层委托代理结构。首先，中央政府与地方政府存在信息不对称，中央政府对于地方的具体情况的了解（如地方所面临的问题或地方业绩）处于信息劣势地位（肖鹏和樊荣，2019）。在财政透明度缺失情况下，出于对自身政治资本或政绩的考量，地方政府有扩大地方债务，刺激经济短期发展的巨大动力（胡欣然和雷良海，2018；王叙果等，2012）。其次，地方商业银行由于信息不对称，受地方政府隐性干预较大，无法更多地从自身经济效益角度发放贷款，从而地方政府有更多操作空间扩大地方债务（肖鹏等，2015）。随着财政透明度的提高，上述行为会得到一定的控制，地方过度投资的行为被逐步抑制，从而达到控制地方债务规模的作用。现有研究指出，在控制经济发展水平等因素影响之外，地方政府财政透明度越高，其城投公司在金融市场上的融资成本越低、债务规模也越小，这说明推进财政信息全面公开有助于规范地方政府的举债行为（汪崇金和崔凤，2020），而随着财政透明度的提升，地方政府迫于压力会从多个角度规范地方债的风险管理，削减违规举债规模，优化债务结构和强化发债过程管控，在一定程度上能使地方财政的运行步入更加健康的轨道（邓淑莲和刘潋滟，2019）；此外，通过 82 个国家的数据实证表明，财政透明度对减少公共债务具有重要意义，财政透明度的提高有利于提高政府行政效率和政府支出效率（Montes et al.，2018）；马原驰（2018）通过构建空间计量模型，运用 2007—2016 年 30 个省份的面板数据，实证结果表明，财政透明度提升有利于控制地方政府债务规模和风险。因而推动地方政府债务信息公开，提高其财政透明度已成为有效管控地方政府债务风险、促进形成市场化融资自律机制的政策选项。

二、文献述评

国外学者对政府债务风险研究主要是基于财政风险矩阵，虽然区分了政府承担债务的不同类型，为判定政府债务风险构建出较为清晰的框架，但采用债务风险矩阵分析我国地方政府性债务风险还存在一定的局限性。其主要原因是我国地方政府性债务不同于国外发行的地方政府债券形成的债务，其类别与财政风险矩阵中所列的债务项目具有较大的差异。国内学者从不同角度研究了我国地方政府性债务形成的原因及债务风险测算方法，但这些研究尚有不足之处。首先，多数学者研究了地方政府过度债务的动因，但是没有形成有效的分析框架，也没有客观分析地方债务的潜在收益和潜在风险，只是高估了债务的风险却低估了适度负债的收益；其次，对地方债务风险的研究，多数学者对地方债务的某一领域的风险进行了研究，事实上债务风险不是孤立的，有着其内在的风险动因和传导机制；最后，对债务风险防范领域，有较多学者从预算和控制的角度进行了分析，并没有从透明度的原则出发来设计地方政府债务风险的防范措施，特别是针对政府债务的原因及防范体系的系统研究目前较少，让地方政府自担风险。

三、学术价值和应用价值

本书克服以往研究的局限，构建地方政府过度负债动因的理论框架，深入分析地方政府债务风险及其传导机制，试图从理论上推进现有研究；在债务风险防范方面，基于债务透明度原则，从政府债务主体透明化、政府发债方式透明化、政府财务报表透明化三个角度构建地方债务风险防范指标体系，并提出防范地方政府债务的根本性措施，这对政府债务风险防范具有重要的政策参考价值。

第三节 研 究 内 容

一、研究对象

本书基于热若尔·罗兰转型经济学研究政府机构的激励机制、软约束预算和金融转型的理论，研究地方政府债务形成原因及风险现状，分析地方政府债务风险的传导机制，提出基于透明度原则建立政府债务风险防范体系，并分别从地方政府过度融资动因、地方政府过度融资风险、基于透明度的地方政府债务融资机制三个角度进行深入研究。

1. 地方政府债务过度融资动因研究

本书试图建立一个财政分权、晋升激励和预算软约束导致地方政府过度融资的分析框架，从宏观制度安排对微观主体（地方政府官员、银行行为）影响角度分析地方政府大量债务的存在和快速增长的原因。

（1）财政分权。近年来，地方政府投融资平台在推动城市化进程、促进区域经济增长、拓展地方融资渠道方面发挥了十分重要的作用。我国经济目前仍然处于快速增长阶段,地方政府有着大量基础设施建设的投资需求,这就造成了地方资金需求量很大。在我国现有的财政分权制度之下,中央财政集中了部分资金后,再在省、市之间进行分配,最后对县、乡进行再分配。在目前财政制度和管理体制不尽完善的前提下,中央的转移支付制度尚不完善,特别是在市、县、乡进行再分配的时候,往往会出现财力不足的问题,这就导致地方政府希望通过地方融资平台来增加地方财政收入。贝内特和迪洛伦兹在分析美国1970年的税收改革未能成功地降低州和地方政府的支出时曾下结论:"地方政府在缺乏开征税收和安排支出的权利时,总是会导致地方预算外支出的增加,以及出现大量的借债"(李婉,2010)。由此可见,分税制是导致目前地方政府大量债务的存在和快速增长的一个重要原因。

（2）晋升激励。中央政府对地方政府官员的考核机制对地方政府官员的经济行为产生了十分重要的影响。我国的官员升迁制度主要与当地的GDP指数相挂钩,地方官员有很强的动机为了提高自身的政绩而在任期内大建形象工程和项目建设,甚至是以牺牲公共产品和服务为代价。地方政府通过大量举债的方式来缓解在经济发展中所需要的资金。基层地方政府官员的任期相对较短,上一任官员在升迁或者调任之后,可能会将任期内的债务问题"丢"给继任者,自己不承担政府债务的偿还,而新任的官员为了追求政绩,又开始举债进行新一轮的形象工程建设。这就导致地方官员无限制地举债,当需要还债的时候,继任者继续发行新的债务偿还旧的债务,如此循环下去。并且,目前我国地方政府发行的都是刚性利率的普通债务,一旦经济形势恶化,政府仍然需要偿还定额的债务数量,这就会给地方政府造成巨大的财政赤字压力。

（3）预算软约束。地方政府之所以能够在成本远大于收益的情况下继续积极主动地寻求融资渠道，其中的主要原因是从地方到中央传统软预算约束的存在。在中央和地方的委托-代理关系中，地方政府存在着和中央政府进行博弈的行为。地方政府为了实现自己利益的最大化，进行大量超过财政预算的投资活动，由于在中国还没有地方政府破产的先例，因此，地方政府预期到即使将来无法弥补债务亏损时，作为"最后兜底人"的中央政府会承担最后的还款责任。实际上，中央政府起到软预算约束支持体的作用，地方政府在这一过程中具有极强的机会主义倾向。由于地方政府认为中央政府最终会承担其全部或部分的债务偿还责任，因此会过度负债投资于那些具有高风险倾向的项目。世界银行的调查发现，中央政府被迫对地方政府进行紧急财政救助的现象在全世界是普遍存在的。这些都极大地强化了地方政府对中央政府未来救助的理性预期，导致越来越多的地方政府道德风险。还会对其他地区的地方政府产生负面作用，在示范效应和区域竞争的双重作用下，地方政府债台高筑。

2. 地方政府债务融资风险研究

要厘清当前地方政府的债务风险，需要对以下几个融资环节和风险传导机制进行深入研究。

（1）地方政府的债务融资程度多少为风险？我们认为，政府债务总体可控，风险不大，但存在期限错配和地区风险的错配。根据2013年12月审计署公布的《全国政府性债务审计结果》，我国目前的政府债务总体可控，系统性风险不大。根据审计署的报告，从静态来看，2012年全国政府性债务的总负债率为39.4%，即使全部考虑或有负债，2012年中国总债务比重为53.5%，低于国际通用的60%负债率警戒线。与其他国家政府债务主要用于消费性支出有所不同，我国政府债务资金主要投向项目建设领域，可以把投入的项目大致分为资产性、收益性和公益性。在政府债务增长的同时，也形成了相应的可变现的资产（资产性项目）和具有经营性收入作为偿债来源的资产（收益性项目）。根据审计报告，有近37.3%的债务资金投向了具有资产性或收益性的项目。在政府债务总体可控的同时，未来3年还款高峰期逾期债务比重将上升。2013年下半年开始至2015年处于偿债高峰期，政府偿债的现金流可能并不匹配，这将可能导致债务的逾期率上升。同时，西部地区的债务风险较高，发达地区的风险较低。

（2）银行为何不愿意向地方政府提供贷款？地方政府在经济发展早期是通过银行来获得资金的，地方政府、房地产开发商以及银行构成了"铁三角"。地方政府和房地产开发商获得了土地和房价上涨的高收益，银行则向两者提供贷款，并以价格飞涨的土地作为抵押物。由于土地价格的上涨远远高于经济增速，信贷资源集中流向地方政府和房地产。然而，2008年以来，固定资产投资在GDP中的比重突破了50%，这加剧了资产价格泡沫。因此，压缩信贷泡沫的关键，在于阻止地方政府以土地作为抵押物借入更多资金，银行在向地方政府发放贷款时也变得更加谨慎，地方政府的银行信贷增速从2010年的20%降低到2012年的3.8%。另外，由于银行的业务受到银监会的严格管制，而银行向地方政府的贷款没有流动性，加大了流动性风险，受到存贷比和存款保证金的严格限制，银行对地方政府的贷款比例越来越少，地方政府不得不转向影子银行寻求信贷支持。

（3）信托等影子银行向地方政府提供债务的风险。影子银行可以说是地方债务的最大风险来源。影子银行的基础货币可以来源于金融市场，如发行理财产品、货币市场基金等，而商业银行的基础货币只能来源于中央银行；影子银行信用扩张的货币乘数远大于商业银行，并且无需缴纳存款准备金。它可以使表外资产的信用链条无限制地拉长，同时又从事高风险、高杠杆的业务，且存在借短投长的期限错配问题。金融当局对影子银行的监管难度很大，一旦出现违约，则很可能导致债务链的断裂。

（4）地方政府的期限错配与违约风险。地方政府为了获得影子银行的资金支持，采用了短债长借的策略。但是，基于债务结构和期限的分析，地方政府在2014—2016年进入偿债的高峰期，偿债规模分别为4.7万亿元、5.86万亿元和5.1万亿元。2014—2016年消化存量债务的压力较大，地方政府还需要"举新债还旧债"，而且各地财政状况苦乐不均，特别是中西部财力较弱的省份存在更大的偿债压力。债务在较短时期内集中膨胀，而债务的期限结构也相似，集中到期兑付的压力较大。由于地方政府债务风险可以通过经济指标体系的趋势来反映，因此，针对地方政府债务融资风险指标，可以通过研究和判断地方政府债务总体风险、流动性风险、期限错配和地区错配风险状况。首先，本书将利用审计署的全国数据和部分省市的数据对地方债务的指标体系进行实证检验，采用因子分析法和主成分分析法对地方政府债务的期限错配和地区错配风险进行判断和监控。其次，地方政府债务风险主要是隐性债务而非显性银行贷款，收集县级市的城投债数据，采用以县级市为样本（城投债余额/县级市GDP）度量地方政府债务风险。最后，采用地方政府偿债能力指标进行危机预警，从地方政府的财务状况和债券市场的二级市场走势预测的信息进行综合风险判断与防范。

3. 基于透明度原则的地方政府债务风险防范

中国财政透明度的改进和提升是一个渐进的过程。2008年，国务院发布《中华人民共和国政府信息公开条例》，指出行政机关应主动公开财政预算、决算报告，至此拉开了财政透明度的序幕；2013年，国务院印发《当前政府信息公开重点工作安排》，要求政府部门应着力推进"三公"经费及财政审计信息的公开力度；2017年，财政部印发《新增地方政府债务限额分配管理暂行办法》，对地方政府债务的管理权限、程序和新增限额分配作出了确定性准则和评判方法；2018年，财政部印发《地方政府债务信息公开办法》，明确要求地方政府债务公开应该常态化，做到真实、准确、完整、及时公开，2018年修正的《预算法》也明确规定地方政府应随同预决算及时公开地方政府债务限额、余额、使用安排及还本付息等信息情况，自觉接受监督，防范地方政府债务风险。中国地方政府债务问题的约束和控制逐渐从规则约束走向制度透明，在财政信息逐渐透明的社会性监督之下，各个地方政府根据自身财力和实际项目需要进行发债，地方政府债务发行的规模、程序和还款期限受到严格的程序性控制，有效防止了信息不对称，也有利于防止地方政府在债券发行市场上的策略模仿和博弈行为，从而减少地方政府的债务风险。

债务是地方政府的客观需要，其关键在于透明度。只要是透明的，就能让市场对地方政府的债务起到约束作用。相比于行政约束，市场约束的作用更有效。其关键在于融资主体的透明化、融资方式的透明化以及地方政府资产负债表的透明化。

（1）融资主体的透明化。地方政府债务融资的主体不够透明，需要按照透明度的原则进行改进。发债主体与偿债主体应该一致。首先，上级政府不能代替下级政府发债。如果上级政府代为发债，本质上是政府代替金融市场进行选择，最终发行市政债的未必是信用好、偿债能力强的地区，也会导致偿债资金来源难以持续，反而进一步增大债务风险。其次，不能由地方融资平台代替政府承担债务，而应该是将隐性债务显性化，让市场控制监督债务风险。并不是不允许地方融资平台融资，其关键在于允许地方政府自主发债。

（2）融资方式的透明化。地方政府融资以影子银行为主，以间接融资为主。地方政府融资有很大一部分来自以信托为代表的影子银行，原因在于银行由于存款保证金和存贷比限制不再向地方政府提供资金，地方政府为维持GDP又必须依靠大规模的基建投资，只得转向高成本的信托融资。因此，急需对地方政府的财税体制、投融资机制进行改革。需要大力发展债券市场，大力发展直接融资。地方政府直接发行债券是降低地方政府融资成本、规范影子银行的重要举措。

（3）地方政府资产负债表的透明化。政府总体财务收支透明度与债务风险紧密相关。政府资产负债表透明度的关键是将政府会计的核算范围扩展到政府的全部资金运动，而不仅仅是预算资金的收支活动。政府会计不仅应核算和反映政府的财政性资金，而且应对固定资产投资、国有企业投资以及政府的债权债务进行核算和反映，不仅应核算和反映自身及其所属行政、事业单位的资金运动，而且应对其所管理的社会保险基金、公益领域中关系国计民生的大型国有企业的资金运动进行核算和反映，以实现全面、完整地反映政府对受托责任的履行情况。尤其是当存在大量的账外负债时，为了向公众报告政府完整的财务状况，必须要将这部分负债纳入政府资产负债表内。

二、总体框架

本书的总体研究框架如图 1-1 所示。

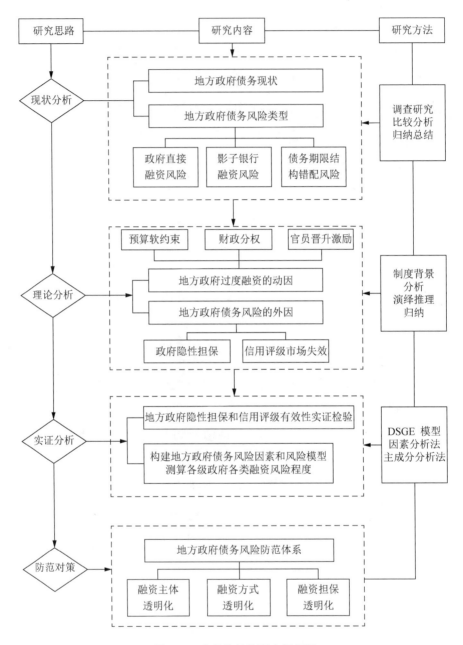

图1-1 本书的总体研究框架图

第四节 思路及方法

一、基本思路

基于热若尔·罗兰转型经济学研究政府机构的激励机制、软约束预算和金融转型的理论，研究地方政府债务的形成原因及风险现状，提出建立一套有效的地方政府债务风险防范体系。具体来说，首先，建立政府过度负债动因的一个分析框架，即财政分权、晋升激励与预算软约束；其次，在理论分析的基础上，实证分析地方政府的债务风险现状及其监控体系，在整体分析地方债务风险的基础上，进一步研究政府债务风险的传导机制；最后，基于理论分析、经验研究的结论，提出基于透明度原则的政府债务风险防范创新思路。本书的内容及逻辑思路如图 1-2。

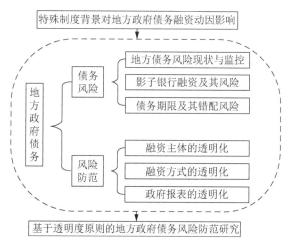

图 1-2 本书内容安排与逻辑思路

二、研究方法

主要采用实证研究法,结合使用制度背景分析、演绎归纳分析等规范研究方法。

1. 归纳法和演绎法

对于特殊制度背景对地方债务融资动因研究,采用制度背景分析的研究方法,通过制度比较、归纳和推导演绎,得出基于透明度原则的地方债务风险防范对策。

2. 经济计量方法

运用统计分析方法测算流动性风险中的各级地方政府收入流和偿还债务本息流、地方政府各类融资的期限结构错配状况,拟建立以下因子分析模型对地方政府的风险因子和风险程度进行全面分析和监控:

$$Y = \sum_{i=1}^{n} X_{1i}(债务内部结构) + \sum_{i=1}^{n} X_{2i}(经济负担) + \sum_{i=1}^{n} X_{3i}(政府负担) + \sum_{i=1}^{n} X_{4i}(居民负担)$$

其中,X_{1i} 为债务内部结构指标,主要用债务逾期率、外债比例、短期债务比例、借新还旧比例等衡量;X_{2i} 为经济负担指标,主要用债务占GDP的比重、债务增长占GDP增长的弹性等衡量;X_{3i} 为政府负担指标,主要采用债务余额占可用财力、债务财政依存度等指标衡量;X_{4i} 为居民负担指标,主要包括居民负债率、居民债务偿债率等指标衡量外部债务风险。

第五节　本书的主要创新以及重点和难点

一、主要学术观点

（1）处于经济转型时期的中国，地方政府与中央政府处于委托-代理和利益博弈阶段。财政分权、官员晋升激励和银行软约束预算的共同作用，促使了地方政府借助于建立地方融资平台进行借贷。

（2）目前，地方债务的风险总体可控，但是政府偿债的现金流并不匹配，这将可能导致流动性风险加大，债务的逾期率上升；从风险的影响因素来看，银行由于存贷比和存款保证金的原因无法提供贷款，影子银行越来越占据地方债务的主要组成部分，但影子银行可能带来更高的期限错配和地区错配风险。

（3）防范和化解地方政府债务风险，关键还是要保证透明度，让市场监督地方政府和控制风险。应该从借债主体透明化、借债方式透明化和资产负债表透明化三个角度防范地方债务风险。

二、创新之处

（1）提出了政府过度负债的分析框架，即在中国的制度背景下，政府债务的动因是财政分权、晋升激励与软约束预算。

（2）基于金融风险的利益机制视角，检验了银行、信托公司、地方政府在地方债务上的风险传递机制。

（3）提出了政府债务是双刃剑，其关键在于透明度的解决方案；基于透明度提出政府债务的透明度要融资主体透明化、融资方式透明化、政府报表透明化。

（4）基于指标分析法，采用主成分分析、因子分析等测算地方债务的风险程度与风险因子。

三、重点和难点

（1）地方政府过度负债的制度动因及其利益机制研究；
（2）地方政府债务风险的动因及其传导机制研究；
（3）地方债务的隐性担保和信用评级的有效性实证检验；
（4）各级地方政府各类融资风险的测度和预警；
（5）基于透明度原则设计防范地方债务风险的制度和规则。

本章小结

本章基于热若尔·罗兰转型经济学研究政府机构的激励机制、软约束预算和金融转型的理论，研究地方政府债务形成的原因及风险现状，提出建立一套有效的地方政府债务风险防范体系。具体来说，首先，建立政府过度负债动因的一个分析框架，即财政分权、晋升激励与预算软约束；其次，在理论分析的基础上，实证分析地方政府的债务风险现状及其监控体系，在整体分析地方债务风险的基础上，进一步研究了政府债务风险的传导机制；最后，基于理论分析、经验研究的结论,提出基于透明度原则的政府债务风险防范创新思路,指出防范地方政府债务风险的关键在于融资主体的透明化、融资方式的透明化以及地方政府资产负债表的透明化。

第二章
地方政府债务的发展历程

第一节　地方政府债务的研究背景

一、地方政府债务的发展现状

近年来，我国地方政府性债务扩张引发的地方政府债务风险问题已受到高度重视。地方债虽然为城市建设提供了必要的资金支持，但其过度扩张带来的违约风险不仅会影响本级和中央财政，还影响政府信用和财政运行质量，以及通过关联业务将风险传递至非政府部门，引发系统性的金融风险。虽然中央宏观调控力度不断增大，但在"财权上收、事权下放"的财税体制背景下，在"以 GDP 为纲"的晋升考核机制作用下，以及在中央政府的预算软约束的机制影响下，地方政府仍然具备积极、持续的借债动机。同时，为了在中央政府的债务限额管控下寻求出口，地方政府具有债务行为隐性化的倾向，隐性债务比例的提高降低了债务规模的可控性，加剧了地方政府债务风险。近年来，我国地方政府财政收支不平衡情况加剧，有些地方政府财政收入远少于财政支出，地方政府在事权与支出责任不匹配的情况下，由于财政收入约束及通过财政部代发代还债券获取的资金较为有限，无法满足地方发展所需资金，于是，尝试成立各类城市投资公司作为融资平台，以独立企业法人的形式代替政府进行直接或间接融资，从而弥补政府投资项目的资金不足。

根据 2015 年修订的《预算法》，地方政府举债融资只被允许发行政府债券这一种形式，政策上被称为显性债务，而地方政府以各种渠道或形式进行的非债券类举债融资被称为政府的隐性债务。从目前掌握的情况看，除了发行债券方式外，地方政府举债融资方式很多。第一，地方政府行政或事业单位通过由其下属事业单位出面，以其社会公益设施抵押为政府项目融资，或是以文件、纪要、批示等形式要求企业为政府举债。第二，国企等融资平台承诺以预期地方政府储备土地出让收入为偿债来源，以国有资产为抵押或质押品为企业融资，或是通过只承担公益性项目建设或运营任务并依靠政府补贴偿还债务的融资平台进行融资；上述两种情况的举债形式均为政府提供隐性担保或违规举债。第三，产业或城镇化等政府性引导基金利用借贷资金出资设立各类投资基金，设立基金时承诺回购社会资本方的投资金并承担其损失，同时承诺最低收益率以额外附加条款变相为政府项目举债融资。第四，地方政府以公益性领域的建设工程作为政府购买项目，把非金融机构提供的融资行为和建设项目纳入政府购买服务范围。第五，PPP（Public-Private Partnership，政府和社会资本合作）项目公司对商业项目承担无限责任，向社会资本方承诺最低收益率及固定期限，并承诺回购社会资本方的投资本金或其损失，同时，在PPP合同中通过附加条款的承诺委托民营企业变相为政府项目举债融资。

截至2019年12月末，全国地方政府债务余额213 072亿元，平均剩余年限为5.1年，平均利率为3.55%，相比2018年增长15.86%，占2019年地方财政收入的210%；2019年全国新发行地方政府债券43 624亿元，占全国GDP的总额超过4%；2019年全国各省份中融资平台是地方政府性债务最主要的举债主体，占比达45.76%，政府部门和机构作为举债主体的比重为32.13%，经费补助事业单位作为举债主体的比重为10.32%，国有独资或控股企业作为举债主体的比重为9.44%。其中，部分西部欠发达地区由于省级政府或国有企业在经济中占主导地位，以省级政府债务为主，广东、江苏、浙江等省份县域经济强，县级政府债务占比较高。

决策层和监管部门对于地方政府债务的政策可以概括为两方面。一是"开正门、堵偏门"，即允许依法发行地方政府债券，严格控制非债券类的各类隐性举债；二是"清存量、禁增量"，即对于地方政府隐性债务存量进行全面清理，各地必须制定期限明确、责任明确、操作可行的化解存量债务方案，并接受审计部门的审计，今后各级地方政府不得再以各种方式产生新的隐性债务。为此，有关部门还发布了网上登记工具，以期对各地所有融资平台从事的融资开发项目进行实时监测。2019年6月，中办、国办联合印发《关于做好地方政府专项债券发行及项目配套融资工作的通知》，要求合理明确的金融支持标准、突出资金支持重点、提供配套融资支持、拓宽重大项目资本金渠道、保障偿债责任等。

二、地方融资平台的市场化转型是防范地方政府债务风险的关键环节

党的十九大报告明确指出，我国当前的经济发展方式面临着跨时代的转型，我国经济已由高速增长转向高质量发展阶段。经济发展质量日益重要的内在根源，是昔日谋求经济高速增长的过程中产生了诸多负面影响（陈诗一和陈登科，2018）。其中，在投资依赖的经济增长方式下，地方政府在基建设施上的支出偏向导致政府部门的杠杆率日益攀升、债务风险逐渐积累是亟待解决的问题之一（梅冬州等，2018）。自2013年始，防范化解地方政府债务风险成为历次中央

经济工作会议提及的核心任务。2018年，国务院发布的《政府工作报告》中再次强调完善地方政府债务管理对防控系统性金融风险具有重大意义。本质上，地方政府融资平台是以往地方政府追求经济高速增长而产生投资冲动的外化体现，其对银行贷款过度依赖、投融资期限错配等问题直接导致了地方政府债务风险的积聚。因此，引导地方融资平台完成市场化转型是防范地方政府债务风险的关键环节。

诚然，地方融资平台为地方政府积聚了大量债务风险，但也不能忽略这类主体的投资支出为我国经济高速增长作出的重要贡献（武鹏，2013）。地方融资平台广泛投资于私人资本不愿涉足的领域，缓解了市场失灵和产业结构的失衡，在很大程度上推动了城市公用事业的发展和基础设施建设，为政府部门及教育、医疗等社会部门提供了大量就业机会（米璨，2011；Adelino et al.，2017）。因此，单纯否定地方融资平台的存在价值有失公允，只有卸下地方融资平台为地方政府融资的职能，推动其商业化运作及市场化转型，才能发挥其在城市基建领域积累的投资经验和国有资产的优势。事实上，从政策层面分析，地方融资平台已受到了两次市场化转型的推动：（1）2010年，《国务院关于加强地方政府融资平台管理有关问题的通知》（国发〔2010〕19号）出台，要求地方融资平台不得再为以财政收入为还款来源的纯公益性项目融资，并禁止地方政府以任何资产作为抵押帮助地方融资平台获取银行贷款。（2）2014年，随着《国务院关于加强地方政府性债务管理的意见》（国发〔2014〕43号）公布，地方融资平台被要求不得再举借政府性债务（地方融资平台为无法产生现金流的纯公益性项目融资而产生的债务，不包含为能够产生现金流的准经营类项目和经营类项目融资而产生的债务）。同时，新预算法体系自2015年开始实施，地方政府被允许发行债券置换地方融资平台政府性债务的存量。在这两次推动中，地方融资平台逐步脱离了因承建纯公益性项目而与政府产生的债务联系，为其商业化运作奠定了良好的基础。未来，推动地方融资平台的市场化转型将成为稳定的、长期的政策导向，并且地方融资平台的市场化程度将进一步提升。

第二节　地方融资平台的发展历程

一、地方融资平台的定义及产生原因

地方融资平台又称城投公司，是地方政府作为主要出资方的一种法人企业，一般采取有限责任公司的组织形式。地方融资平台同时承担着融资和投资的责任，投资的项目往往是基础设施、公用事业等进一步推动城市建设的项目。这些项目按照是否能够产生收益和现金流可以划分为公益性项目和非公益性项目。早期的地方融资平台虽然具备法人和企业制的形式，但却没有实质性的法人人格，经营活动完全由地方政府安排，类似于一个地方政府的职能部门。在这一阶段，地方融资平台承担的债务成分复杂，既包括非公益性项目的债务，又包括纯公益性项目的债务。因此，地方融资平台出现了较大的偿债压力。近年来，随着国家一系列政策的推动，地方融资平台逐渐剥离了背负的地方政府纯公益性项目的债务，公司治理机制也逐步建立，投资方面以非公益性项目为导向，逐渐走上了独立运作与市场化转型之路。

关于地方融资平台的产生原因，具体如图2-1所示。

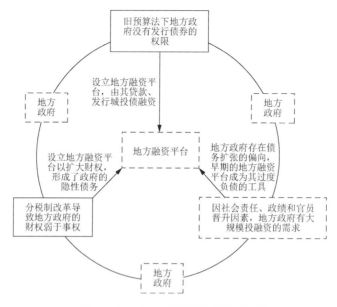

图 2-1 地方融资平台产生的原因分析

二、有关地方融资平台的政策变迁

与地方融资平台相关的政策导向经历了三个主要阶段：宽松期（1994—2009 年）、强监管期（2010—2014 年）和转型期（2015 年至今），具体如图 2-2 所示。

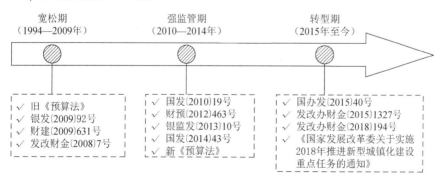

图 2-2 有关地方融资平台的政策变迁

1. 宽松期(1994—2009年)的主要政策分析

1994年3月,第八届全国人大第二次会议通过了《中华人民共和国预算法》(简称"旧《预算法》"),其中第二十八条明确规定:"地方各级预算按照量入为出、收支平衡的原则编制,不列赤字。除法律和国务院另有规定外,地方政府不得发行地方政府债券。"上述规定严格限制了地方政府发行债券的权力,作为满足地方政府融资需求的补偿性手段,地方融资平台等主体在这一阶段始终受到国家政策的支持。尤其在2008年四万亿刺激计划出台后,国家颁布了一系列文件鼓励地方政府通过地方融资平台等主体进行融资。例如,中国人民银行和银监会于2009年3月发布的《中国人民银行、中国银行业监督管理委员会关于进一步加强信贷结构调整 促进国民经济平稳较快发展的指导意见》(银发〔2009〕92号)明确指出,要鼓励地方政府建立符合规定的投融资平台,发行城投债、中票等融资工具,作为地方政府的配套融资渠道。2009年10月,财政部发布《财政部关于加快落实中央扩大内需投资项目地方配套资金等有关问题的通知》(财建〔2009〕631号),进一步强调了地方政府可以利用融资平台,借助市场机制筹措资金。除此之外,政策层面对城投债发行也给予了更多的照顾。国家发展和改革委员会于2008年1月发布《国家发展改革委关于推进企业债券市场发展、简化发行核准程序有关事项的通知》(发改财金〔2008〕7号),将城投债发行的审批程序从先确定规模、后核准简化为直接核准。另外,进一步放松了对债券募投项目的限制,允许城投债的募集资金大部分用于调整债务结构或补充流动资金。

2. 强监管期(2010—2014年)的主要政策分析

由于宽松期的政策造成了地方融资平台债务规模的快速扩大,

并且债务结构中包含了较多地方政府纯公益性项目的建设债务,导致一些地方融资平台无法通过自身收益偿债,既增加了地方政府隐性债务偿还的风险,也提高了银行的流动性风险。因此,国家对地方融资平台的政策导向开始由宽松转向强监管。2010年6月,国务院发布《国务院关于加强地方政府融资平台公司管理有关问题的通知》(国发〔2010〕19号),标志着强监管模式的开启。该文件就四个方面进行了明确规定。第一,要分类管理地方融资平台的现有债务,切实规划后续债务偿还和在建项目融资问题。对于主要依靠财政资金偿债的纯公益性项目,不得再由地方融资平台筹措资金,对于地方融资平台承担的非公益性项目债务,引入市场化、商业化的偿债机制。第二,收紧了银行对地方融资平台的信贷条件,要求商业银行在为地方融资平台提供贷款前采用商业贷款审查的标准,对无法获取稳定现金流以偿债的地方融资平台,不得再发放贷款。第三,地方政府及其附属机构不得再对地方融资平台的融资行为提供担保,即地方政府显性担保的增信机制被切断。第四,地方政府不得再将纯公益性资产作为对地方融资平台的出资来源,以增强地方融资平台的风险抵御能力。2012年12月,财政部、发改委、中国人民银行、银监会联合发布《财政部、发展改革委、人民银行、银监会关于制止地方政府违法违规融资行为的通知》(财预〔2012〕463号),对地方政府以土地对融资平台出资的行为进行了更为严格的要求。一方面,土地出资必须经过划拨或者出让程序;另一方面,不允许以储备土地出资,也不允许承诺通过出让储备土地来偿还地方融资平台债务。2013年4月,银监会发布《中国银监会关于加强2013年地方政府融资平台贷款风险监管的指导意见》(银监发〔2013〕10号),要求对地方融资平台的新增贷款应当重点支持具有合理融资需求的省级融资平台。2014年9月,国务院发布《国务院关于加强地方政府性债务管理的意见》（国发〔2014〕43号），这是强监管阶段又一标志性的文件。第一，文件明确了政府债务的定义，地方融资平台为无法产生现金流的纯公益性项目融资而产生的债务，不包含为能够产生现金流的准经营类项目和经营类项目融资而产生的债务。第二，地方融资平台承担的存量政府债务由地方政府发行专项地方债进行置换。第三，地方融资平台及其他地方政府出资的企事业单位不得再新增政府债务。第四，地方政府债务将实行限额管理，地方政府的总举债规模不允许突破限额。为了与国务院这一政策配套，2014年8月末，第十二届全国人大常委会第十次会议通过了《预算法》的修正案（简称新《预算法》），自2015年1月1日开始实施。新《预算法》第三十五条赋予了地方政府在一定限额内发行地方政府债券的权力，被视为对地方政府债务"开前门，堵后门"的重要举措。

3. 转型期（2015年至今）的主要政策分析

在剥离了地方融资平台背负的政府债务及纯公益性投资项目后，政策层面开始逐渐由强监管转向引导地方融资平台的市场化转型。2015年5月，国务院办公厅发布《国务院办公厅转发财政部人民银行银监会关于妥善解决地方政府融资平台公司在建项目后续融资问题意见的通知》（国办发〔2015〕40号），鼓励地方融资平台为城市轨道交通、农用水利设备、保障性安居工程等在建项目融资。同年5月，国家发改委发布《国家发展改革委办公厅关于充分发挥企业债券融资功能支持重点项目建设促进经济平稳较快发展的通知》（发改办财金〔2015〕1327号），放宽了城投债发行主体的资产负债率要求，并且简化了城投债募集资金投向的变更程序，为地方融资平台发行城投债提供了便利。2018年2月，国家发改委、财政部发布《国家发展改革委办公厅、财政部办公厅关于进一步增强企业债券服务实体经济能力严格防范地方债务风险的通知》(发改办财金〔2018〕194号),强调党政机关公务人员未经批准不得在地方融资平台任职,并且城投债的募投项目不得为纯公益性项目。2018年3月,国家发改委发布《国家发展改革委关于实施2018年推进新型城镇化建设重点任务的通知》,强调应当分类、稳步推进地方融资平台的市场化转型进程,剥离其为地方政府融资的职能。

三、地方融资平台的发展阶段

地方融资平台作为主要由地方政府出资的特殊法人企业,其存在形式及发展模式受国家相关政策影响的程度远大于一般法人企业。跟随着政策导向的演变路径,地方融资平台的发展也可以分为三个主要的阶段:融资工具期(2010年以前)、初步市场化转型期(2010—2014年)、全面市场化转型期(2015年至今),具体如表2-1所示。

表2-1 地方融资平台的发展阶段

发展阶段	时间	政府债务承担情况	独立运作情况	债务结构	融资成本敏感性
融资工具期	2010年以前	新增大量纯公益性项目的政府债务	差	以银行贷款为主	低
初步市场化转型期	2010—2014年	不再新增政府债务,但仍有大规模存量政府债务	一般	城投债比例上升	一般
全面市场化转型期	2015年至今	剥离政府债务	高	城投债比例进一步上升	高

1. 融资工具期(2010年以前)的地方融资平台

在这段时间,地方融资平台的主要定位是规避旧《预算法》下地方政府不能发行地方政府债券进行融资的限制,并且满足地方政府日益增长的融资需求。这段期间的地方融资平台主要依靠银行贷款进行融资,且承担了大量地方政府公益性项目的债务。在公司运作层面,这段时期的地方融资平台虽然具有法人资格和现代企业的组织架构,但市场化的公司治理体系并未切实地运作,存在不少地方政府官员兼任地方融资平台高级管理人员的情形,投融资决策也完全由地方政府决定,融资平台的法人人格模糊。在融资成本方面,由于缺乏市场化经营的意识,地方融资平台对降低其融资成本并不敏感。

2. 初步市场化转型期(2010—2014年)的地方融资平台

随着国发〔2010〕19号文的出台,地方融资平台不得再新增纯公益性政府债务,且商业银行被要求提高向地方融资平台提供贷款的门槛。另外,地方政府不得再向地方融资平台提供担保,或以纯公益性资产出资。以上政策是对地方融资平台市场化转型的第一次推动。地方融资平台过度依赖银行贷款以及背负过多地方政府纯公益性债务的情况得到一定程度的缓解,地方融资平台开始渐渐地从纯粹的融资工具转向独立运作的市场化主体,对融资成本的敏感度也日益提升。然而,地方融资平台承担的存量政府债务并未得到有效解决。除此之外,在这一时期地方融资平台的公司治理机制仍未完整地建立,地方政府对地方融资平台的干预仍有相当程度的保留。

3. 全面市场化转型期(2015年至今)的地方融资平台

国发〔2014〕43号文及新《预算法》颁布后,地方融资平台与地方政府的关系在政策层面得到了彻底地区分和厘清。随着地方专项债对地方融资平台存量政府债务的置换,地方融资平台剥离了原先融资工具时期承担的大量公益性项目债务，开启了全面市场化转型之路。另外，对地方融资平台高级管理人员不得由政府官员兼任的政策在这一时期也得到了更为强有力地推动和贯彻，地方融资平台经营运作的独立性显著提升。作为自负盈亏的商业主体，地方融资平台对融资成本的敏感性较上一时期更高，对融资方式的选择也更趋于市场化。

本章小结

本章主要通过对地方政府债务发展现状、发展历程和发展阶段的研究，指出地方政府在事权与支出责任不匹配的情况下，出于对发展资金的需求会成立各类城市投资公司作为融资平台，其根源在于地方政府的投资意愿、融资需求和地方官员的个体视角，本质上地方政府融资平台是以往地方政府追求经济高速增长而产生投资冲动的外化体现，在经济实践中逐渐成为地方政府过度负债的工具，其过度银行贷款依赖、投融资期限错配等问题直接导致了地方政府债务风险的积聚，因而引导地方融资平台完成市场化转型是防范地方政府债务风险的关键环节。与地方融资平台相关的政策导向经历了三个主要阶段：宽松期、强监管期和转型期，而跟随着政策导向的演变路径，地方融资平台的发展也分为融资工具期、初步市场化转型期和全面市场化转型期三个阶段。

第三章

财政分权、晋升激励和预算软约束

自改革开放以来，随着我国城镇化、工业化的进程速度加快，地方建设融资需求也日益增长。为了解决地方政府资金紧张的问题，有些地方政府通过设立融资平台公司尝试对外进行融资，通过示范效应，地方债务融资平台便逐渐地形成了一定的规模。真正意义上的地方债务融资平台的建立始于1998年实施的扩张性财政政策，各级地方政府为了改善本地区基础设施建设水平和公用事业，改善投资环境，促进本地区的经济发展，由地方政府发起设立，通过划拨土地、股权、国债等资产，从而迅速包装出一个资产和现金流均可达到融资标准的法人公司。近年来，我国地方政府债务融资平台呈现高速发展的态势，尤其是自2008年国际金融危机以来，我国为了应对危机冲击、保持经济平稳较快发展启动了四万亿的投资计划，地方政府为了完成配套投资计划，纷纷通过设立地方债务融资平台进行了大规模的债务融资活动，促使经济在危机过后出现复苏，但也显现了一些亟待关注和解决的问题，总体来看，地方政府债务融资平台缺乏规范的融资渠道，平台的数量也出现井喷之势。地方政府把政府信用优势和银行的资金优势通过市场力量结合起来，违规或变相担保使得地方政府在日益债台高筑的同时，还出现巨大的偿债风险，极大地损害了地方政府的公信力。

在我国财政分权体制下，建立地方融资平台的深层次原因和内在逻辑是怎样的？财政分权并不是影响地方政府建立融资平台来发展经济的全部动力，要全面而深入地分析地方政府融资平台大量存在的原因，还应深入政府行为和银行行为的层面。本章通过对上述问题的深入分析，进一步研究地方政府通过建立地方债务融资平台而债台高筑的现象并给出合理的解释。

第一节 财政分权对地方政府经济行为的影响

一、财政分权影响地方政府预算外收入行为的理论分析

预算外资金的存在是必要的，也是普遍现象，预算外资金在应对一些难以预料到的问题时具有较大的灵活性，因为这部分资金在通常情况下不受预算程序约束。因此，世界上绝大多数的国家都允许预算外资金的存在。我国预算外资金是地方政府财政收入最为重要的来源之一，原因有很多。自财政体制改革以来，我国预算外资金收入的问题逐渐显露。因此，从中央和地方之间的财政关系变化的角度去分析预算外资金大量产生的原因将是一个重要方面。

首先，财政分权是中央和地方关系的重要内容，自改革开放以来，特别是分税制改革对地方政府的经济行为产生了深远的影响。中国经济改革中的核心内容是在经济上实行分权制度，在政治上实行垂直的管理制度。与其他转型经济体相比，中国的改革是在政治体制不变的条件下，中央为了调动地方发展经济的积极性而不断调整中央和地方政府之间的财政关系的过程。鉴于计划经济时期中央高度集权的种种弊端，中央政府在20世纪70年代、80年代和90年代分别实行了放权让利、财政包干以及分税制的经济改革。20世纪70年代实行放权让利的改革使得地方政府的财权和事权得到进一步地放大，强调了地方政府自身的利益，调动了各级地方政府发展经济、当家理财的积极性和主动性，在一定程度上发展了地方经济活动，成为

经济利益的重要主体。20世纪80年代主要实行的是"分灶吃饭"的管理体制，即将总收入划分为中央和地方固定收入、中央和地方分成收入，在支出方面，按照中央和地方各自所承担的责任不同来划分，同时根据各省市上一年的财政收支状况来确定下一年的收入和支出基数，中央单独与各省市进行协商，以便更好地确定各省市的收入和支出的分成和留存比例。这一市场化的改革使得财政体制逐渐由中央集权制转变为相对分权化的体制，地方政府开始成为责、权、利相结合的相对独立的预算主体。但是，这个体制中一个明显的特征是中央财政收入占GDP的比重以及中央财政收入占总财政收入的比重均在下降。其中，前者比重由1979年的28.4%下降到1993年的12.6%，后者比重由1979年的46.8%下降到1993年的31.6%，与此同时，中央财政支出占总财政支出的比重始终大于收入比重（吴群和李永乐，2010）。因此，中央政府在"分灶吃饭"的管理体制下的财政收入不能随着国民经济和物价指数的上涨而增长，这在一定程度上削弱了中央政府管理宏观经济的能力，无法发挥在具有地区收入差异的各省市之间实行转移支付的功能。于是，中央为了缓解自身财力逐渐变弱的困境，进行了分税制改革。1994年，我国实行了更加规范的财政体制，即分税制。这一改革大体遵循财政分权的基本原则，重新划分了中央和地方的财权和事权，使得财政格局发生了巨大的转变。主要是将税种统一划分为中央税、地方税和中央地方共享税。将大税种、主要的税种、收入高的税种划归中央，将那些零散、收入细小以及难以征收和不稳定的税种都划归地方（董建军，2007）。自此，中央财政收入占全国财政收入的比重从1993年的22%上升到1994年的57%，此后略有波动，但一直稳定在50%左右；与此同时，财政支出格局却没有发生相应变化，中央财政支出占全国财政支出比重稳定在

30%左右（董再平，2007）。

其次，分税制使地方财政的收入和支出缺口明显加大，地方财政的预算压力空前增加，地方政府在财政体制上对中央政府产生了高度的依赖性，在财政的独立性、完整性、主动性上都受到很大程度的压制，特别是县乡一级财政基本上出现无财可控的局面。中央政府一方面加大了向上集中财政权利的力度，另一方面不断地向地方政府下放了越来越多的事权。在无法满足中央规定应提供的公共产品和公共服务所需资金时，特别是一些中央下达政策规定地方政府应付账的项目，促成了一些地方政府将预算外收入作为应付这种财政压力的最有效的方式，于是，地方政府也就更加积极地寻求更多预算外资金的自主权。由于国家转移支付制度的不完善性，有的地方政府只能负债运营，贝内特和迪洛伦兹在分析美国1970年的税收改革未能成功降低州和地方政府的支出时曾下结论说："地方政府在缺乏开征税收和安排支出的权利时，总是会导致地方预算外支出的增加，以及出现大量的借债"（李婉，2010）。由此可见，地方政府大量债务的存在和快速增长的事实与现行的分税制有着重要的联系。

二、财政分权下的晋升激励强化地方利益和竞争，不断加重地方债务负担

在财政分权的角度下，中央政府对地方政府官员的考核机制对其经济行为产生了十分重要的影响。在财政分权的激励下，地方政府的经济行为也必然考虑到自己的政绩，即财政激励和政治激励共同决定了地方政府官员的各种行为，而各级地方政府之间表现为强烈的竞争行为。在很长一段时间里，这种竞争呈现着绝对优势，在竞争的

内容上不仅表现出总量上的竞争，还表现在结构上的差异化，地方政府的这种行为严重扭曲了支出结构，如地方政府重基础设施建设轻公共产品的提供等。

首先，从微观角度解释部分地方政府官员突破预算约束、追求超越其财政支付能力的发展目标而建立短期政绩的行为。人们的行为会受到他们所面临的环境和追求的目标的变化而改变，部分地方政府官员最为关心的事情之一是自己的职业生涯和利益，也就是，在将来的职业生涯中是晋升还是被淘汰的问题，而在职业生涯中最关键的要素之一就是在任职期间的短期业绩。在财政分权的条件下，中央政府制定的各种考核标准突出地反映在选拔官员时主要看经济增长指标，如GDP增长率、招商引资的力度、城市发展水平等，各种以GDP增长为核心的经济考核指标便是地方政府官员的主要晋升标准之一。此外，在根据经济增长的绩效选拔官员时，为了加大激励效果，上级普遍采用相对于邻近省份和前任官员的绩效评估方式。而这种激励机制对地方政府官员行为产生的影响可以通过委托-代理理论来解释。假设把中央政府看作委托方，各级地方政府看作代理方。在现实中，这两方的信息严重不对称，例如，地方政府对自己工作中的困难和业绩等方面都比中央政府拥有更多的信息，中央政府对地方政府的各种行为也很难有较为准确的了解。这使得地方政府的行为产生一种倾向，即倾向于通过各种方式把自己的能力、业绩等有力信号发给中央政府，以便解决信息不对称所产生的政绩考核的困难。我国官员晋升制度中典型的特征是淘汰制，即在竞争中采用优者取胜的相对标准，在晋升过程中早期成功非常重要，可以有助于自己进入更快的晋升渠道，如果在某一个阶段滞留，就可能对将来的晋升道路产生不利影响，且晋升的标准中对年龄的要求也很严格，当官员超过年龄标准时，就丧失了进一步晋升的机会。因此，如果一个官员在规定的年龄标准里没有晋升到某一个级别，这将会造成他以后的晋升道路的滞留。这种晋升规则促使更多的地方政府官员只注重追求短期政绩目标。我国政府机构官员的任期大体上为3—5年，如果想在这个较短的时期里做出突出的业绩，地方政府在位官员就必须尽最大能力掌握较多的地方资源进行业绩工程的建设。大部分地方政府官员都偏好于以资源密集型为主的政绩工程，即那些投入高、回收期长的项目，因为这些项目可以很好地用指标衡量。

这使得我国地方政府的经济行为在财政分权的管理体制下呈现越来越商业化的倾向，地方政府对利用本地区的金融资源具有很强的动机。地方政府往往又起着企业家的角色，或者是将更多的精力投入经营营利性的企业中，导致有些地方政府官员为了能在自己任职期间有足够多的政治资本，就会进行大规模的融资举债开展各种城市建设和开发区发展的经济活动。由于这些工程项目的还款期限都远远长于自己的在任时间，这进一步助长了这些地方官员的短视行为，即使日后出现还款困难的情况，但由于已调离原来的工作岗位，这些债务成了下一任官员的事情。这种情况周而复始，最终可能会造成地方政府债务的不断加重，以至于出现较大的金融风险。在中央和地方的委托-代理关系中，地方政府除了更好地完成中央政府的各种考核指标外，还会最大化自己的各种非货币收入，并最大化其预算支出。因为地方政府在代理中央政府的委托时，在业绩显著的条件下获得的奖励除了官员的升迁机会外，还有大部分隐形的货币收入或者非货币收入，这会加大地方政府的支出预算，同时，地方政府官员也就拥有了获得较大的资金量的可能，具有更多的寻租机会，谋取更多的隐性收入。这些都说明在中央和地方的委托-代理关系中，中央政府掌握着升迁的大权，以地方经济规模和增长速度为目标的考核指标体系会造成地方政府不顾自身的预算约束大规模地进行举债投资活动，而这些债务在无形中就会被一代代的官员无限扩张和放大，甚至达到危险的边缘。

其次，在宏观层面上，地方政府官员为了追求各自的晋升机会而展开各种直接的地区竞争，以期在较短的时间里以最有效的手段取得竞争中的优势地位。各个省、市、县的地方政府都有着这种"大见成效"的迫切想法，使得地方政府直接参与的地区竞争成为20多年来我国经济发展的显著特点之一（董建军，2007）。这些竞争表现在各个地区的地方政府利用所掌握的投资自主权进行投资竞争，呈现出"投资饥渴"的状态，即地方政府为了竞争呈现出一种无边际的投资冲动。这种积极投资的现象在一定程度上极大地提高了资源的配置效率，提高了我国经济的增长速度，但其中的现实问题却一直存在，如现存的地区发展问题中的市场分割、重复建设投资、恶性竞争等。除此之外，要实现经济增长的考核目标，就必须获得足够多的资源来发展经济，但是一个地区的资源是有限的，于是便产生出获取其他地区资源的现象，通过建立地方政府债务融资平台将其他地区的金融资源也吸收进来，这种融资风险若是在全国范围内传导，有可能引起系统性的金融风险。由于各级地方政府融资行为较为分散，各个省、市、县甚至是地方政府的各个部门都有举债的行为。这种大量分散的融资举债活动大多分布在各级地方政府机构及其所属的企事业单位中，而地方政府对这些债务融资活动又缺乏统一的管理和监督，这加速了地方政府债务规模的上涨，而大部分债务问题也在日常的经济活动中逐渐突显。

第二节 软预算约束下的地方政府过度负债

改革开放以来，我国银行业在资产规模和管理水平上都取得了巨大的进步，作为金融中介机构，银行业的融资行为是我国国民经济资金运转和融通的主要途径，对整个国民经济的稳定和发展起到了关键的作用。我国银行业在经历了计划经济体制后，仍然带有一定的行政色彩。中央政府对国有银行进行了专业化和商业化改革，这使得国有银行的经营自主权不断得到改善，进一步促进了经济的快速发展。但国家绝对控股优势是商业银行始终遵循的原则，政府通过利用银行体系的力量来推动经济增长和维护社会稳定，因此，商业银行不可避免地处在中央和地方各级政府的行政控制之下。

一、在双重软预算约束条件下，商业银行对地方政府贷款具有偏好倾向，对地方政府过度负债的行为起到推波助澜的作用

软预算约束是科尔内（1980）在分析社会主义经济时所提出的一个概念，它描述的是社会主义经济中一个普遍的现象，即政府不能承诺不去解救亏损的国有企业，这些解救措施包括财政补贴、财政支持等（林毅夫和李志赟，2004）。这一现象也是经济转型国家中普遍存在的问题，其根源是由于国有企业承担着某种政策性负担，有可能会面临亏损，即经营性亏损和政策性亏损等。然而，这些国有企业把所有亏损都归因于政策性亏损，政府由于信息不对称而无法分清楚这

两种亏损的差别,只能给予补贴,这就是软预算约束的现象。商业银行是国有企业的一种特殊形式,其软预算约束是指当商业银行在面临亏损时,经营者预期到政府会在财政上给予支持,如政府会给这些亏损的银行追加投资、减税或者提供其他隐形的补贴等各种优惠政策,从而使商业银行避免了破产清算的结局。双重软预算约束是指在经济转轨时期中同时实施国有企业预算软约束和国有商业银行软预算约束的一种制度安排(施华强,2004)。软预算约束必须同时存在软预算约束体和支持体(Kornai,2003)。软预算约束体是指那些在以自有资源为限的前提下,如果收不抵支,产生赤字,在没有外部援助的情况下不能继续存续的组织。支持体是指通常受政府控制的、可以直接转移资源去援助陷入困境的预算约束体的组织(施华强和彭兴韵,2003)。对于地方政府而言,为了解决地方财政资源的有限性和实现政绩考核目标,地方政府进行"交易式干预"的融资行为成了国有商业银行信贷产生的主要原因之一。这种公司化运作的地方政府贷款主体就是地方政府投融资平台,因此,在某种层面上相当于地方政府控制的国有企业,其软预算约束名义约束体是政府,软预算约束实际支持体是商业银行,地方政府投融资平台是软预算约束体。对于商业银行而言,其软预算约束支持体是政府,软预算约束体是商业银行。由此可知,商业银行在中国双重软预算约束的关系中起到纽带的关键作用,其具有地方政府投融资平台软预算约束支持体和商业银行软预算约束体的双重角色。

在双重软预算约束的条件下,商业银行对地方政府投融资平台发放大量贷款,充当地方政府软预算约束支持体的主要原因是商业银行在面临大量政府贷款要求时,即使预期到将来可能会有不良贷款发生的情况,但是商业银行不仅具有追求利润最大化的目标,还有在软预算约束条件下追求自身效用最大化的倾向。因为商业银行不用为自己的投资失败的成本负责，反而会在理性预期下获得短期收益，如更好的晋升机会和其他隐形收益。一方面，在具有地方政府担保和承诺的贷款面前，商业银行认为贷款对象实际上就是地方政府，与一般企业和个人贷款不同的是，即使将来出现风险，地方政府将会承担主要的责任，对于银行负责人来说责任较小。于是，商业银行对地方政府投融资平台贷款的风险控制和管理较为宽松，有时甚至会降低贷款条件和贷款利率。另一方面，表现在银行要面对行政上简单化的考核激励，尤其是那些短期经营指标，如贷款规模、贷款增长、经营利润等，这些都促使商业银行及其地方分支机构不断加大对地方政府投融资平台的贷款投入。这些金额大、期限长的贷款不仅可以立即做大自身业务规模，迅速产生即期效益，还可以更好地完成上级安排的各种考核指标，取得当期的经济利益，甚至还可以获得进一步晋升的机会，银行普遍不担心地方政府投融资平台的贷款出现风险的问题，因为这些贷款一般期限较长，属于中长期贷款，而银行内部主要岗位实行定期交流的制度，因此，银行负责人在位期间不会有不良资产形成的风险，即使将来出现风险，也会因为主要负责人变动而无法确定相关责任。反而由于这些大量贷款的产生使得商业银行原有不良资产得到稀释，银行不良贷款比率得到较大幅度的下降，满足银行监管当局的要求。由此可知，这些贷款规模大的地方政府投融资平台恰恰会被商业银行当作能够产生稳定收益且效益好的首选客户。因此，商业银行对地方政府投融资平台增加贷款的动机十分强烈，并不断加大对地方政府项目的贷款投入。

二、在软预算约束条件下，地方政府过度负债偏好的因素分析

正如本书第一章中对地方政府债务过度的动因分析，地方政府之所以能够在成本远大于收益的情况下继续寻求融资渠道，其中很大一部分原因是软预算约束的存在。在委托-代理机制的分析框架下，在实际工作中由于信息不对称，中央政府往往缺乏足够的信息去了解地方经济的发展情况，只能借助拥有本地区较多信息的地方政府进行经济发展以及制定和实施经济发展的方针、政策，这一过程促使大量的地方政府机会主义行为产生并得以强化。中央政府事先无法了解地方政府借贷活动的实际情况，也就无法辨认它的实际风险信息，只能在后果很严重的情况下才发现风险存在。此外，由于地方政府承担着各种政策性负担，在中央和地方的委托-代理关系中，为了克服经济转轨和国际经济环境发生变化等对国内经济造成冲击的困难，当地方政府财力不足时，中央政府为了使其更好地实施自己指定的各项措施，可能会默许地方政府的一些过度负债行为，这些又进一步地强化了地方政府过度负债的动机。

第三节 研究结论和建议

本章通过对地方政府过度负债问题进行深入分析，可知财政分权、晋升激励和软预算约束对地方政府的经济行为产生了深刻影响。在财权、事权不对等的条件下，地方政府通过建立大量的地方融资平

台促进经济发展,这些超负荷的债务与地方政府未来的还款能力不匹配,有的地方政府面对数额巨大的债务无力偿还,也会导致银行的坏账率增加,不利于我国银行体系的稳定发展,给中国经济的健康发展埋下风险。针对此,本章提出以下政策建议:

一、进一步深化财政分权改革,对中央和地方的财权、事权作进一步科学合理的划分,在充分考虑地区间的差异和差距条件下进行适度分权

首先,财政分权改革的核心问题,是要结合中国经济发展的实际情况以公共产品的层次性为依据,明确各级政府间的事权和支出的责任。我国要从根本上明确中央和地方政府间的财政关系,就需要减少财权与事权组合的不确定性,针对不同地区发展水平要进行科学合理的分配。在经济发达的地区,由于其具有相对宽裕的财力,地方政府组织收入的能力较强,也容易获得本地区所需要的财力,因此,只需赋予其相应的财权即可完成中央划分给他们的事权责任,可建立事权与财权相匹配、责任和支出划分相匹配的财政分权体制。在经济欠发达地区,强调事权和财权相匹配的原则不具有实质意义,因为相对于财权划分地方政府无法有效地履行事权的责任。故在这些地区应建立事权与财权相匹配、支出责任和其可支配的财力相适应的财政分权体制。其次,加强地方政府的预算管理,进一步规范地方政府的财政支出行为,减少预算外收入的随意性。规范地方政府预算外经济行为的重要方法是要调整和完善地方政府的治理结构。建议通过立法进一步明确中央和地方政府的财权、事权,做到财权与事权、责任与义务的对等。通过立法把中央和地方政府之间的关系纳入法

治化道路，在改进转移支付的改革中，要求通过在政府间纵向转移支付力度的增加来调控和约束地方政府的行为，而不是通过地方官员的任免来实现这样的目的，从而可以用法治化的程序去规范地方政府的行为。将地方政府的职能和级别都置于法治化的环境之中，同时充分给予地方政府必要的立法权和执法权，发挥地方政府的积极性。地方政府的财政支出要从一般竞争性的领域里退出，其主要职能就是弥补市场失灵、提供公共产品，其支出也必须是由其职能来界定和规范的，且要重视差异化管理，避免一种政策适用于所有地区的现象，建议可以通过由中央出框架，由地方政府根据各地区的实际情况制定合法的具体政策。再次，继续推进市、县、乡的财政体制改革，完善财政预算制度。中国自计划经济以来所实行的财政分权体制主要解决了中央和省级政府之间的责权利的划分问题，远未涉及省以下级别的各级地方政府，而省级政府在实际处理地市级政府的财权和事权划分时，大多是仿照中央政府和省级政府的模式实行，而县乡一级的政府只能是听任上级政府的分配。因此，这种情况同时造成了市、县、乡级别的地方政府事权远大于财权的问题，造成这部分基层政府债台高筑的情况。因此，加快省以下级别的地方政府的财政体制改革同样显得尤为重要，可以实施逐级财政的改革思想，即实行"省直管县"和"乡财县管"的体制，建立起中央、省、县三级财政的体制。

二、允许地方政府有条件地发行公债，促使地方政府的隐形债务问题显性化，加强地方政府财政职能和平衡预算

在完善地方政府发债权的相关法律和制度的条件下，放开和鼓励一些具有条件的地方政府发行公债，但首先要制定出地方政府发债

权的相关法律，防止地区之间不平衡的发债规模以及地区发债失控的局面。在各方条件还不成熟的省份，不宜大幅度地放权发债，可以先在经济状况良好的地区进行试验性地发债，待相关法律、财税体制以及各种约束监管机制完善后，再在全国范围内进行有计划、有层次地推广，则可以在对经济发展没有造成较大冲击的情况下，缓解地方政府的财政压力，化解和防范财政风险，将无序且隐形的融资变得有序且易管理，还可以进一步完善和活跃我国的资本市场。

三、建立健全科学的政府政绩考核评价体系，完善官员选拔任用制度，防止地方政府短视行为的出现

改革现行的地方政府官员的激励机制，添加一些新的激励机制，促使地方政府官员在对上负责的基础上做到对本辖区的民众负责。改变以 GDP 为导向的指标体系，将一些有关人文、社科和可持续发展等方面的指标加入现行的考核指标体系中，还可以将地方政府能否有效化解地方债务作为一项重要考核内容。

四、硬化国有商业银行的预算约束，逐步取消政府的政治控制权，强化国有商业银行的风险意识，改正短期经营思想

政府应该避免金融领域的直接经营活动，尽可能消除国有商业银行软预算约束的支持体，同时应该考虑如何逐步私有化国有商业银行以及如何实行私有化可以避免政府对其经营活动的干预等问题，例如，在国有商业银行进行股份制改革之后，应该尽可能使其股份销售范围分散化，这样可以提高国有商业银行未来再进行国有化的成

本。同时，国有商业银行在地方政府的投资冲动前要保持足够的清醒，改革原有的银行考核激励机制，摈弃只注重短期效益的经营行为，要将风险管理放在首要位置，建立对地方政府债务风险的内部早期预警机制，综合考虑地方政府总体负债情况和财政收支状况，将地方政府公司化运作的企业贷款量控制在合理范围之内。

本章小结

本章主要针对我国地方政府债务问题的局面，深入剖析地方政府大量建立地方债务融资平台的原因，在中国式财政分权体制下，建立地方融资平台的深层次原因和内在逻辑等问题。财政分权并不是影响地方政府建立融资平台进行大量负债的全部动机，由于我国地方官员具有"经济参与人"和"政治参与人"的双重角色，以及我国银行业普遍存在软预算约束等问题，要全面而深入地理解地方政府融资平台大量存在的背后原因，还应深入政府行为和银行行为的层面。在财政分权、晋升激励和银行软预算约束的共同作用下，促使地方政府倾向于建立地方融资平台进行借贷。

第四章

地方债务的投融资期限错配风险

改革开放以来,我国经济发展实现了较长时期的高速增长。目前,经济发展模式正处于从高速增长向高质量增长转型的重要时期。过去经济的高速增长有着明显的投资驱动特征。武鹏(2013)基于1978—2012年的面板数据剖析了中国经济增长的动力来源,发现投资对中国经济增长的贡献最大。将投资进一步细分,外国直接投资和各级地方政府的基础建设投资是非常重要的组成部分。审计署2013年公布的报告显示,截至2013年6月底,我国地方政府负有偿还责任的债务规模约10.89万亿,负有担保责任的债务规模约2.67万亿,其中的73.45%需要在3年以内偿还。从中不难看出,地方政府投资往往期限较长,但其债务融资的偿还却相当急迫,期限错配问题严重,给地方政府带来了较大的流动性压力。根据中国工业企业数据库的统计,地方国有企业有27.08%从事公用事业行业等各类市政工程和基建项目的投资开发,成为地方政府性债务的主体之一。另外,对于未承担地方政府债务的地方国企,其过度投资与盈利能力不足也成为常态(杨华军和胡奕明,2007)。由此可见,地方国有企业不仅面临着债务总量过高的问题,其投融资期限不匹配的问题也日益凸显。

资产负债期限匹配理论最早由莫里斯(1976)提出,他认为将企业资产和负债的期限匹配起来可以降低由于资产产生的现金流不足以偿还本金和利息的风险。莫里斯(Myers,1977)则从代理成本的角度论证了期限匹配的必要性,认为期限匹配是克服投资不足的一种解决方法。从债务契约的角度,通过理论推导得出结论:当项目产生的现金流变快时,债务期限变短;当担保资产的折旧率较低时,债务期限变长,进一步证明了资产和负债的期限应当相匹配的原则(Hart & Moore, 1994)。夏勇毅(2015)从金额错配和路径错配两方面论证了我国地方政府融资平台资产收益与债务支出不匹配的问题,期限错配的成因主要包括市场因素和制度因素。陈志勇（2015）通过建立理论模型推导出造成银行贷款中短期化的主要因素包括利率期限结构、金融市场流动性风险、地方政府筹措资金的能力及政府投资项目的收益情况。更多的学者则从预算软约束、政府干预、金融市场发展不完备等制度因素出发，探讨期限错配并给出相应建议。

地方国有企业期限错配的本质是举债投资，且长期投资的资金主要来源于短期债务。那么，造成地方国有企业债务结构性问题的内在根源是什么？早期的文献从国有企业的过度投资（罗党论等，2012；曹春方等，2014）、债权人治理弱化（盛明泉等，2012）等角度进行过研究。不同于以往的文献，本章聚焦于从预算软约束和金融市场结构的双重维度探索地方国有企业投融资期限错配的成因。本章采用规模以上非上市的国有企业数据，检验国有企业的投资是依赖内源净利润还是新增债务，即是否存在预算软约束问题。本章证实了地方国有企业存在较严重的投融资期限错配问题，并检验了其金融市场结构层面的原因。分析地方国企期限错配的成因并探讨治理对策，对当前国有企业去杠杆以及调整债务结构都有重要的意义。

第一节　理论分析与研究假设

一、内部成因论证：国有企业的预算软约束与举债投资

为了剖析地方国有企业存在投融资期限错配的内在机理，本章首先从内部成因展开论述，试图证明国有企业有着预算软约束的情

形，从而依赖举债投资，即存在融资优序异化的问题。梅叶斯和梅吉拉夫（1984）最早提出了融资优序理论，认为在存在信息不对称并考虑交易成本的情况下，企业融资一般会遵循内源融资、债务融资、权益融资的先后顺序。这是由于外部融资需要支付各种成本，而权益融资则会传递企业经营的负面信息，导致投资者调低对公司股票的估值，最终使企业的市场价值降低。但在我国，企业的融资行为与理论出现了偏差，即偏好先外部融资，再内部融资。根据陆正飞和高强（2003）对我国深圳证券交易所397家上市公司的问卷调查结果，四分之三的上市公司偏好外部的股权融资，且认为外部股权融资成本较低。具体到国有企业，则是由于预算软约束的存在，即使资不抵债也能获得政府救助维持运营，这相当于国企的债务融资成本被降低，最终导致企业负债不能有效制约企业行为，出现了融资优序异化的现象。

预算软约束的概念最早由匈牙利经济学家科尔奈提出，它描述了社会主义经济和转型经济体中一种普遍存在的现象：当国有企业发生亏损时，政府通常都会采用财政拨款、信贷支持、提高补贴等各种方式进行救助，使其不会被市场淘汰。科尔奈（1980）把产生这一现象的原因归结于社会主义政府的"父爱主义"。此后，也有多位学者从政策性负担（林毅夫和李志赟，2004）和内部人控制（张宇峰和王长江，2006）的角度对中国产生预算软约束的原因进行了分析。从企业的外部环境来看，政府出于国家发展战略考虑，将部分战略性和社会性目标转嫁给国有企业；为了实现国家发展战略，因而国有企业不得不投资于其没有比较优势的某些行业和领域，从而导致亏损；此外，国有企业还承担了增加就业及发放员工福利等任务，冗余的人员结构使其背负了沉重的社会性负担，进而导致开支上涨，造成入不敷出的现象。所以，政策性负担是国有企业可能亏损的重要制度原因之一。在信息不对称的情况下，企业有动机将决策失误、投资失败等经营性亏损归咎于政策性亏损。政府不了解项目的实际情况，又要考虑维持就业率和社会稳定，只能都给予补贴，最终形成了预算软约束。在上述因素的综合作用下，从国有企业自身的角度出发，其内源融资能力因承担政策性负担而大为削弱，加之获得债务具有很强的便利性，因此，投资活动也更加依赖于举债而非内源融资，这构成了国有企业投融资期限错配问题的内因。基于以上分析，本章提出假设 H1。

假设 H1：我国国有企业扩大投资更依赖债务而非留存收益，面临较为严重的预算软约束问题。

二、外部成因论证：金融市场结构与短期债务融资

在对地方国企投融资期限错配的内因进行剖析后，本章试图进一步从商业银行的角度论证期限错配问题的外因，即金融市场存在着较为严重的结构性问题。具体而言，以商业银行为主的金融市场是国有企业的主要融资渠道（刘伟和王汝芳，2006），而商业银行面临的两方面结构性问题尤为突出。在外部政策环境方面，多变的货币政策和低估的长短期利差使得商业银行不愿意向企业发放长期贷款。基于跨国样本的实证比较，发现一国制度环境稳定性越弱、法律制度越不完善，企业对短期银行贷款的依赖程度越高，换言之，银行供给长期贷款的意愿越低（Fan et al.，2012；白云霞等，2016）。刘红忠和史霜霜（2017）基于商业银行实现利润最大化的角度构建了一个两期的理论模型。在模型中，商业银行可以选择发放长度为一期的短期贷

款,并在期末决定下一期是否继续发放短期贷款,也可以选择发放两期的长期贷款。该模型从理论上证明了商业银行发放贷款的决策是制度环境和长短期利差的函数。制度环境越多变、长短期利差越小,银行发放短期贷款的动机越强烈。LMI 指数更为复杂,用以度量商业银行资产的市场流动性与负债的融资流动性之间的错配(Bai et al.,2018)。研究发现,长期贷款与短期贷款间的流动性溢价不足以弥补给负债端新增的风险。结合我国商业银行的现状,2014—2016 年销售火爆的理财产品和房地产使得长期存款储蓄额大幅降低。这进一步削弱了商业银行提供长期贷款的能力,从而使得国有企业更加依赖短期贷款融资。在金融市场发达、制度建设完善的环境下,企业会根据资产负债期限匹配的原则自主调节其债务结构(Orman and Kösal,2017)。然而,从我国商业银行的角度出发,其供给长期资金的意愿和能力均不强,导致国有企业的债务期限配置更可能是一种被动的接受,而非主动的决策(马红等,2018),这是造成国有企业投融资期限错配的关键外因。综合以上分析,本章提出假设 H2。

假设 H2:金融市场结构性问题的存在使国有企业获得长期贷款的可能性下降,在债务期限的决策方面处于被动地位。

三、结果论证:地方国有企业的投融资期限错配

基于假设 H1 和 H2 的分析,国有企业一方面在预算软约束下依赖债务融资而非留存收益,另一方面,难以从外部金融市场募集充足的长期资金,这构成的地方国有企业投融资期限错配的内因和外因。在政策性负担和所有者缺位的双重影响下,部分国有企业不但倾向于过度投资(罗党论等,2012),而且投资的回收期较长,这加剧了

其投融资期限错配问题。值得说明的是，这种期限错配并非国有企业为了节约融资成本的主动债务配置，而是在金融市场结构性问题下的被动期限错配。

本章认为，相比于中央国有企业，部分地方国有企业的投融资期限错配问题更为严重。究其原因，是由于地方国有企业较中央国有企业背负着更多的政府性债务。1994年，我国进行了分税制改革，按照财政分权的原则调整了收入和支出在中央和地方之间的分配。在收入方面，重新划分中央税、地方税和中央地方共享税的分配，主要的、收入高的税种归中央，其他难以征收、比较分散的小税种则划归地方。以共享税为例，增值税（不含进口环节由海关代征的部分）由中央政府分享75%，地方政府分享25%；企业所得税，铁道部、各银行总行及海洋石油企业缴纳的部分归中央政府，其余部分中央与地方按60%和40%的比例分享。在支出方面，中央仅负责国家安全、外交及宏观调控等所必须的支出，地方政府则需要负担政府机关运转和本地区经济、社会事业发展所需的全部费用。简而言之，经过分税制改革后，财权上收中央，事权下放地方。中央政府收入占全国税收的大部分，却仅承担有限的公共支出。地方政府税收收入不足以承担当地的基础设施、科教文卫、农林水利等一系列公共服务的支出。据统计，分税制改革后，中央财政收入占全国财政收入的比例从1993年的22%上升到1994年的57%，此后一直维持在50%左右，而中央财政支出占全国财政支出的比例仅为30%。面对陡增的财政压力，地方政府则通过举债来填补巨大的资金缺口，地方政府的两个主要融资渠道分别是地方国企和地方政府融资平台。地方国企领导的任免权掌握在地方政府手中，最大化企业价值不一定是企业目标，而是作为政策性工具向地方政府负责。为了达到地方政府的投融资目标，地方国企不得不扩大债务规模，在长期资金供给有限的情况下，激进的投融资策略可能进一步加重期限错配问题。因此，地方政府性债务最终传导到辖区内的地方国企，导致后者不仅过度负债，而且债务期限结构不合理。除此之外，对于未背负政府债务的国有企业，地方国企拥有的资源和资产质量都明显弱于中央国有企业，从而其盈利能力也处于劣势。当地方国有企业进行债务融资时，因其盈利能力和议价能力较弱，商业银行提供长期资金的意愿会下降。综合以上分析，本章提出假设 H3。

假设 H3：国有企业面临较为严重的投融资期限错配问题。相比中央国有企业，地方国企的期限错配问题更加严重。

第二节 研究设计与样本选择

一、数据与样本

本章采用 2005—2013 年中国工业企业数据库中的规模以上非上市国有企业财务数据。剔除相关财务数据缺失的样本后，共有 2 111 家央企和 13 276 家地方国企。为避免异常值对回归结果造成影响，本章对 1% 尾部数据进行了 Winsorize 缩尾处理。表 4-1 和表 4-2 列示了数据在不同年份与行业间的分布。可以看到，样本在 2005—2013 年分布较为平均。在行业分布中，制造业企业最多，在总体样本中占比 64.92%，其次为电力、热力、燃气及水生产和供应业企业，在总体样本中占比 27.08%。

表 4-1　样本数据的年份分布情况　　　　　　　单位：家

年份	央企	地方国企	年份	央企	地方国企
2005	1 965	12 873	2010	1 836	4 346
2006	2 111	13 276	2011	1 340	3 380
2007	1 862	9 154	2012	1 341	3 268
2008	630	4 719	2013	1 013	2 691
2009	886	4 519	2014	n.a	n.a

注：由于2014年数据仍处于保密期，故实证分析的数据截至2013年。

表 4-2　样本数据的行业分布情况　　　　　　　单位：家

行业	全样本	央企	地方国企
采矿业	810	51	759
制造业	15 295	2 283	13 012
电力、热力、燃气及水生产和供应业	6 379	645	5 734
住宿和餐饮业	777	50	727
租赁和商务服务业	22	14	8
水利、环境和公共设施管理业	9	4	5
居民服务、修理和其他服务业	85	8	77
文化体育和娱乐业	11	1	10
公共管理、社会保障和社会组织	172	20	152

注：行业分类标准采用2017年公布的GB/T 4754—2017《国民经济行业分类标准》。

二、变量说明与模型设计

不同于传统的债务存量指标，本章借鉴投资—流动负债敏感性方法（Mclean and Zhao，2014），使用债务和投资的变化量相对于期初总资产的比值作为变量构建模型，从而更好地测度企业长期投资对短期融资的依赖性。在进行实证分析时，本章首先根据基准模型（4-1）检验国有企业投资是依靠举债还是留存收益作为资金来源。

由于本章在选择样本时已经剔除了上市国企,因此,企业通过二级市场进行股权融资的资金不在实证检验的范围之内。如果回归结果显示国有企业主要依靠举债为投资融资,则说明存在软约束现象,并继续分析是否更加依靠新增短期债务。之后加入代表年份和国有企业性质(央企、地方国企)的虚拟变量,检验期限错配问题在2008年金融危机前后及不同性质的国企间是否存在程度上的差异。如果存在差异,再按照时间和企业性质进行分组回归检验。检验投资——资金来源的基准模型如下:

$$Investment_{i,t} = \beta_0 + \beta_1 \Delta debt_{i,t} + \beta_2 ROA_{i,t} + \beta_3 Leverage \\ + \beta_4 Size + \beta_5 Growth + \beta_6 Current\ ratio \\ + \beta_7 Net\ Margin + \varepsilon \qquad (4-1)$$

其中,$Investment_{i,t}$ 是企业在 t 期的长期投资变化量与期初总资产 $Asset_{i,t-1}$ 的比值,长期投资包括固定资产投资和长期股权投资等与企业经营活动有关的投资;$\Delta debt_{i,t}$ 表示企业在 t 期的总债务变化量与期初总资产的比值。$ROA_{i,t}$ 是企业在 t 期的净利润与期初总资产的比值,在本章中衡量国有企业留存收益的使用状况。如果其估计系数 β_2 显著为正,则说明国有企业投资的资金来源是留存收益。根据前文分析,我国国有企业普遍存在预算软约束问题,投资主要依靠银行贷款,因此,本章预期估计系数 β_2 应不显著。

参考以往的文献,本章设置的控制变量主要包括:企业规模 Size,表示为企业总资产规模的自然对数;杠杆率 Leverage,表示为企业总资产与净资产的比值,用来控制不同资本结构对结果造成的影响;净利率 Net Margin,计算方法为企业当期净利润与当期收入的比值，控制企业盈利能力的影响；流动比率 Current ratio，定义为流动资产与流动负债的比值，控制不同营运资本政策的影响；收入增速 Growth，表示为企业当期收入与上一期收入的比值，控制成长性对企业融资行为的影响。

在模型(4-1)的基础上，为检验国有企业是否存在期限错配问题，本章提出模型(4-2)：

$$Investment_{i,t} = \beta_0 + \beta_1 \Delta stdebt_{i,t} + \beta_3 ROA + \beta_3 Leverage \\ + \beta_4 Size + \beta_5 Growth + \beta_6 Current\ ratio \\ + \beta_7 Net\ Margin + \varepsilon \quad (4-2)$$

在模型(4-2)中，我们用企业短期债务变化量与期初总资产的比值 $\Delta stdebt_{i,t}$ 代替 $\Delta debt_{i,t}$。在投融资期限匹配的情况下，企业使用长期资金为长期投资融资，使用短期资金为营运资本融资；在更加保守的财务政策下，企业甚至会使用部分长期资金来为营运资本融资，短期债务的变化就不会引起长期投资的变化，即 $\Delta stdebt_{i,t}$ 的估计系数 β_1 应该不显著。但如果企业存在期限错配的问题，则会使用短期资金为长期投资融资，这时短期债务增加会引起长期投资增加，即 $\Delta stdebt_{i,t}$ 的估计系数 β_1 应该显著为正。

结合前文分析，考虑到央企和地方国企在债务期限结构方面的差异，我们加入了表示企业性质的虚拟变量 Ownership，具体见模型(4-3)：

$$Investment_{i,t} = \beta_0 + \beta_1 \Delta stdebt_{i,t} + \beta_2 \Delta stdebt_{i,t} * Ownership \\ + \beta_3 Leverage + \beta_4 Size + \beta_5 ROA + \beta_6 Current\ ratio \\ + \beta_7 Growth + \beta_8 Net\ Margin + \varepsilon \quad (4-3)$$

我们采用 Ownership 与 $\Delta stdebt_{i,t}$ 的交叉项来测度企业性质对国有企业期限错配程度的影响。其中，央企赋值为 1，地方国有企业赋值为 0。由于我国的财政分权体制和政府官员激励机制导致地方政府可能存在过度投资、过度负债的倾向，因此，作为政策工具的地方国企容易受到政府干预举债投资。再加上预算软约束的存在，地方国企可以通过滚动操作不断地借新债还旧债。对比来看，地方国企的错配问题要更加严重，$\Delta stdebt_{i,t} *$ Ownership 的估计系数 β_2 应该显著为负。

最后，本章加入了我国 5 年期人民币贷款基准利率与 6 个月至 1 年期人民币贷款基准利率的利差 Spread 来研究国有企业的期限错配是否为企业的主动行为，如模型(4-4)：

$$\begin{aligned} Investment_{i,t} = &\beta_0 + \beta_1 \Delta stdebt_{i,t} + \beta_2 \Delta stdebt_{i,t} * Spread \\ &+ \beta_3 Leverage + \beta_4 Size + \beta_5 ROA \\ &+ \beta_6 Current\ ratio + \beta_7 Growth \\ &+ \beta_8 Net\ Margin + \varepsilon \end{aligned} \quad (4\text{-}4)$$

我们首先计算了 2005—2013 年利差的中位数，高于中位数的年份赋值为 1，低于中位数的年份赋值为 0。利差越高，企业使用短期债务就能节约融资成本。因此，如果企业是为了降低融资成本而主动采取错配策略，则 $\Delta stdebt_{i,t} *$ Spread 的估计系数 β_2 应该显著为正，即利差越高，期限错配的问题越严重。但由于预算软约束的存在，国有企业对利率的变化不敏感，本章估计 $\Delta stdebt_{i,t} *$ Spread 的估计系数不具有统计意义上的显著性。

第三节　实证研究结果及其分析

一、地方国企的长期投资和短期融资现状

为了直观地反映我国地方国有企业的投融资期限错配问题，本章统计了2005—2013年地方国企的平均资产负债率和长期负债率，图4-1显示了统计结果。不难发现，我国地方国企的资产负债率稳定在70%左右，2011—2013年小幅下降到61%；但长期负债率则稳定在14%左右，其中，2008年略低，为11%；2010年略高，为17%。长期负债率与资产负债率的差值较大，说明地方国企以短期债务为主，长期债务占比偏低，债务结构不合理。

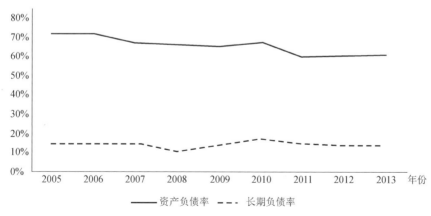

图4-1　地方国有企业资产负债率和长期负债率

注：统计数据来自中国工业企业数据库

表 4-3 列示了各主要变量在金融危机前后的描述性统计结果。可以看到，央企和地方国企在 2008 年金融危机后均扩大了投资规模，央企的 Investment 指标在危机后的均值为 0.098，危机前仅为 0.035；地方国企的 Investment 指标在危机后的均值为 0.081，危机前仅为 0.031。对比 $\Delta debt$ 和 ROA 的均值，不难发现，无论在金融危机之前还是之后，支持央企和地方国企扩大投资规模的资金都主要来自债务而非留存收益：在金融危机前，央企 $\Delta debt$ 的均值为 0.0701，ROA 的均值仅为 0.0066；地方国企 $\Delta debt$ 的均值为 0.0545，ROA 的均值则为 0.0035。金融危机后这一组数据对比依然未发生变化：央企 $\Delta debt$ 的均值上升到 0.2428，ROA 的均值为 0.0363；地方国企 $\Delta debt$ 的均值为 0.1976，ROA 的均值则为 0.0426。进一步地，通过对比短期债务变化量占总债务变化量的比例，可以看出，金融危机前后，央企和地方国企 $\Delta stdebt$ 的中位数与 $\Delta debt$ 的中位数的比值均超过 50%，说明我国国有企业总债务增加主要由短期债务增加引起，存在期限错配现象。

表 4-3 金融危机前后主要变量描述性统计结果

变量	Panel A：2008 年金融危机前描述性统计结果					
	央企			地方国企		
	均值	中位数	标准差	均值	中位数	标准差
Investment	0.0354	0.0503	0.3139	0.0306	0.0395	0.2869
$\Delta debt$	0.0701	0.0297	0.3079	0.0545	0.0199	0.3319
$\Delta stdebt$	0.0669	0.027	0.3357	0.0492	0.0105	0.3331
ROA	0.0066	0.0089	0.1631	0.0035	0.0012	0.0896
Leverage	3.4410	2.3363	8.2561	3.2100	2.0795	11.0248
Current ratio	1.4386	1.0277	1.7036	1.4526	0.9138	2.1604
Size	11.9027	11.9553	2.3468	10.4565	10.4295	1.9446
Growth	0.2132	0.1295	0.6318	0.2102	0.1019	0.7149
Net Margin	−0.0254	0.0132	0.2499	−0.0778	0.0024	0.3510

(续表)

变量	Panel B：2008 年金融危机后描述性统计结果					
	央企			地方国企		
	均值	中位数	标准差	均值	中位数	标准差
Investment	0.0978	0.1238	0.6644	0.0812	0.1505	0.5094
$\Delta debt$	0.2428	0.0397	1.4944	0.1976	0.0575	1.0635
$\Delta stdebt$	0.1072	0.0316	0.6643	0.1232	0.0403	0.545
ROA	0.0363	0.0185	0.1821	0.0426	0.0112	0.3539
Leverage	3.4738	2.3309	8.1183	3.0677	1.9716	9.212
Current ratio	1.2094	0.8799	1.629	1.2663	0.745	2.1319
Size	12.8240	12.8812	2.2087	11.2664	11.3056	2.0998
Growth	0.2138	0.0746	0.686	0.2417	0.0851	0.7775
Net Margin	0.0266	0.0189	0.1286	0.0013	0.0090	0.1436

二、投融资期限错配的实证检验结果

本章用面板数据固定效应方法对模型（4-1）进行了回归，数据包括全部央企和地方国企，表4-4列示了回归结果。在逐步添加控制变量的过程中，$\Delta debt$ 的回归系数均在1％水平上显著为正，而 ROA 的估计系数均不存在统计意义上的显著性，说明我国国企用于投资的资金主要来自举债而不是留存收益，存在预算软约束问题。

表4-4 预算软约束与国有企业债务融资偏好

变量	(1)	(2)	(3)	(4)
	Investment	Investment	Investment	Investment
$\Delta debt$	0.2593***	0.2614***	0.2222***	0.2223***
	(0.0044)	(0.0045)	(0.0046)	(0.0046)
ROA		0.0097	0.0185	0.0132	0.0108
	(−0.0163)	(−0.0173)	(−0.0171)	(−0.0177)

(续表)

变量	(1) Investment	(2) Investment	(3) Investment	(4) Investment
Leverage		−0.0007**	−0.0013***	−0.0013***
		(0.0003)	(0.0003)	(0.0003)
Current ratio		0.0193***	0.0123***	0.0122***
		(0.0017)	(0.0017)	(0.0017)
Size			0.107***	0.1071***
			(0.0043)	(0.0043)
Growth			0.063***	0.0628***
			(0.0036)	(0.0036)
Net Margin				0.0098
				(−0.0217)
常数项	0.027***	−0.0005	−1.2038***	−1.2043***
	(0.0020)	(−0.0034)	(0.0483)	(0.0484)
行业	控制	控制	控制	控制
地区	控制	控制	控制	控制
R^2	0.12	0.12	0.15	0.15
样本量	40 892	40 892	40 892	40 892

注：*** 表示在1%水平上显著；** 表示在5%水平上显著；* 表示在10%水平上显著。

基于以上结论，本章继续检验国有企业是否更依赖短期债务来为长期投资融资，将自变量 $\Delta debt$ 替换为 $\Delta stdebt$ 进行回归。表4-5全样本的回归结果显示，$\Delta stdebt$ 的估计系数在1%的水平上显著为正，说明国有企业短期债务变化与长期投资变化存在正相关关系，但根据期限匹配原则，企业应使用长期资金为长期投资融资，其投资额变化量应该与短期债务变化量无关。由此可见，我国国有企业普遍存在着投融资期限错配的问题。此外，衡量企业性质影响程度的变量 $\Delta stdebt * Ownership$ 的估计系数也在1%水平上显著为负，说明地方国企短期债务增长带来的投资额增加要高于央企,期限错配问题更严重。由于我国国有企业的期限错配问题与企业性质显著相关,接下来我们将样本分为央企和地方国企进行分组回归。根据表 4-5 的实证结果,央企和地方国企的 $\Delta stdebt$ 估计系数均在 1% 的水平上显著为正,再次印证了我国国企存在投融资期限错配的问题。分组回归的结果显示,地方国企的回归系数不仅更高,而且显著性更强,表明地方国有企业的期限错配问题比央企更加严重。

表 4-5　国有企业投融资期限错配的经验证据

变量	全样本	央企	地方国企
$\Delta stdebt$	0.1772***	0.1521***	0.1640***
	(0.0062)	(0.0146)	(0.0065)
ROA	0.0015	0.0334	−0.0014
	(−0.0182)	(−0.1095)	(−0.0181)
Leverage	−0.0011***	−0.0027**	−0.0008**
	(0.0003)	(0.0012)	(0.0003)
Current ratio	0.0117***	0.0234***	0.0103***
	(0.0018)	(0.0075)	(0.0018)
Size	0.1241***	0.1378***	0.1158***
	(0.0044)	(0.0126)	(0.0048)
Growth	0.0815***	0.1068***	0.0738***
	(0.0037)	(0.0121)	(0.0040)
Net Margin	−0.0066	−0.0947	0.0016
	(−0.0223)	(−0.0754)	(−0.0227)
$\Delta stdebt * Ownership$	−0.1514***		
	(0.0239)		
常数项	−1.3900***	−1.8316***	−1.3415***
	(0.0495)	(0.1556)	(0.0528)

(续表)

变量	全样本	央企	地方国企
行业	控制	控制	控制
地区	控制	控制	控制
R^2	0.10	0.10	0.10
样本量	40 892	7 015	33 578

注：*** 表示在1%水平上显著；** 表示在5%水平上显著；* 表示在10%水平上显著。

接下来，本章检验了国有企业期限错配是否为企业的主动行为，还是在金融市场结构性问题下的被动选择。根据表4-6列示的实证结果，$\Delta stdebt * Spread$ 的估计系数在三次回归中均不显著，意味着我国国有企业对融资成本不敏感。这一实证结果表明，企业并没有因为长短期贷款利差而调整债务期限结构，债券期限错配应该是一种被动的行为。换言之，金融机构因政策的不确定性和长期存款的减少，导致供给长期资金的意愿和能力下降，因此，国有企业倾向于使用短期贷款进行长期投资。

表4-6 长短期贷款利差与国有企业期限错配

变量	全样本	央企	地方国企
$\Delta stdebt$	0.2160***	0.1759***	0.2306***
	(0.0070)	(0.0157)	(0.0081)
ROA	−0.0024	0.0266	−0.0055
	(−0.0182)	(−0.1005)	(−0.0174)
Leverage	−0.001***	−0.0029***	−0.0007**
	(0.0003)	(0.0011)	(0.0003)
Current ratio	0.0105***	0.0216***	0.0095***
	(0.0018)	(0.0070)	(0.0018)
Size	0.1157***	0.1350***	0.1065***
	(0.0045)	(0.0119)	(0.0049)

(续表)

变量	全样本	央企	地方国企
Growth	0.0828***	0.1064***	0.0753***
	(0.0037)	(0.0111)	(0.0039)
Net Margin	−0.012	−0.0876	−0.0002
	(−0.0222)	(−0.0784)	(−0.0001)
Δstdebt * Spread	−0.1858	−0.1288	−0.2022
	(−0.1383)	(−0.1378)	(0.1516)
常数项	−1.2891***	−1.6778***	−1.1589***
	(0.0508)	(0.1479)	(0.0542)
行业	控制	控制	控制
地区	控制	控制	控制
R^2	0.11	0.11	0.10
样本量	40 892	7 015	33 578

注：*** 表示在1%水平上显著；** 表示在5%水平上显著；* 表示在10%水平上显著。

为了检验本章考察投融资期限错配模型的稳健性，我们在按照企业性质分组回归的基础上，又将样本按照金融危机前后分为两类再次进行回归。其结果表4-7同样符合前文的分析和预期：无论在2008年金融危机前后，央企和地方国企 Δstdebt 的估计系数均在1%水平上显著为正，而且危机后的系数均大于危机前的系数，说明金融危机后的期限错配问题更加严重。此外，地方国企 Δstdebt 的估计系数高于央企，也体现了地方国企的期限错配程度要大于央企，问题更突出。

表4-7 稳健性检验：金融危机前后央企和地方国企的期限错配

变量	央企		地方国企	
	2005—2008	2009—2013	2005—2008	2009—2013
Δstdebt	0.1237***	0.1480***	0.1280***	0.1568***
	(0.0225)	(0.0238)	(0.0091)	(0.0124)

(续表)

变量	央企		地方国企	
	2005—2008	2009—2013	2005—2008	2009—2013
ROA	0.1358	-0.0393	-0.0303	-0.0193
	(-0.0894)	(-0.2692)	(-0.0267)	(-0.0325)
Leverage	-0.0018*	-0.0044*	-0.0004*	-0.0045**
	(0.0009)	(0.0025)	(0.0002)	(0.0018)
Current ratio	0.0080	0.0200	-0.0079***	0.0225***
	(-0.008)	(-0.0141)	(0.0020)	(0.0042)
Size	0.2810***	0.0774***	0.3196***	0.1377***
	(0.0263)	(0.0227)	(0.0102)	(0.0101)
Growth	0.0357***	0.0950***	0.0216***	0.1444***
	(0.0118)	(0.0221)	(0.0040)	(0.0094)
Net Margin	-0.1303**	0.1561	0.0245	-0.1636**
	(0.0597)	(-0.2124)	(-0.0167)	(0.0778)
常数项	-3.3951***	-1.0905***	-3.3862***	-1.7386***
	(0.3128)	(0.2924)	(0.1085)	(0.1163)
行业	控制	控制	控制	控制
地区	控制	控制	控制	控制
R^2	0.15	0.17	0.18	0.12
样本量	3 730	3 285	21 583	11 995

注：*** 表示在1%水平上显著；** 表示在5%水平上显著；* 表示在10%水平上显著。

第四节 投融资期限错配治理的政策建议

本章通过理论分析和实证检验，研究了我国地方国有企业的投融资期限错配问题。研究发现，一方面，国有企业依赖短期债务进行投资，其投资决策对盈利能力并不敏感。这印证了国有企业存在预算软约束的问题。另一方面，长短期贷款利差对国有企业的投资决策没有显著影响，这表明国有企业在金融市场结构性问题下，被动接受短期贷款融资。最后，本章证实了国有企业存在投融资期限错配问题，且相比中央国有企业，地方国有企业的期限错配问题更为严重。

本章的研究结果表明，地方国企高杠杆且结构不合理的债务问题的原因在于其内源融资能力差、政府干预和债权人治理弱化以及金融市场提供的长期资金有限。针对地方国有企业如何去杠杆以及优化债务结构这一目标，本章提出以下政策建议。

一、打破政府隐性担保，强化银行的预算硬约束功能

中国的国企长期受到政府的干预和救济，政府常常为国企信用进行强有力的背书。因此，经常出现投资机构争抢政府和国企项目的现象。这导致了信贷资源不能实现优化配置。特别是，自2008年金融危机以来，企业杠杆率出现了明显的走势分化，非国有企业的杠杆率明显下降，国有企业的杠杆率相对稳定并略有上升（纪洋等，2018），本章还发现地方国企在金融危机后期限错配更加严重。如果政府继续为地方国企提供隐性担保，将可能导致"好杠杆减少，坏杠杆增加"（钟宁桦等，2016）。本章的研究结果也表明，地方国企的债务存在预算软约束，即使企业的盈利状况较差，银行还源源不断地向其提供信贷资金。因此，打破政府隐性担保，加强银行的预算硬约束功能，使得信贷风险被真实、合理地定价，才是化解国企高杠杆风险的最理想方式。

二、强化国有企业内源融资功能，以自身实力去杠杆

在国有企业深化改革过程中，地方国企去杠杆始终是一个绕不开的重要领域。地方国有企业需要优化内源融资实力，切实转变过度依赖举债投资的观念。在银行预算硬约束的背景下，企业的新增投资主要依靠其自身的内源财务实力，银行信贷只能是提供有限的信贷资源。2015年12月18日至21日，中央经济工作会议提出"去产能、去库存、去杠杆、降成本、补短板"五大任务。这五大任务的根本就是要提高国有企业的内在财务实力，依靠自身实力将负债降到合理水平。

三、发展多层次资本市场，缓解期限错配问题

本章的研究结果表明，金融市场长期资金不足。地方国企的主要融资方式是银行信贷，但由于我国长期贷款利率的上浮空间有限，银行的流动性风险得不到很好地补偿，且对债权人的司法保护尚不完善，因此，银行提供长期资金的意愿较低。地方国企只能寻求错配的方式来融资，即通过债务的滚动式操作借新债还旧债以维持运营，因此积累了严重的期限错配问题。本章建议发展多层次资本市场，通过股权和债券的方式为地方国企的长期投资提供长期资金，缓解期限错配的结构性债务问题。多层次的资本市场通过满足多元化的投资需求，扩大直接融资额度，会逐步形成风险程度存在明显差异的子市场，风险承担主体呈现多元化，有利于实现金融市场的稳定。在金字塔式的多层次资本市场中，风险与收益匹配的新三板股权市场是重

要的部分。需要提高新三板市场公司的信誉和质量,保证其流动性,为企业的转型升级提供资金支持。

四、降低政府干预,加强国有企业综合业绩评价和激励机制设计

地方国企的过度杠杆化和债务结构不合理,其根本原因在于国有企业的激励约束机制。本章建议,首先,应降低政府干预,使国有企业还原其公司的内在属性。只有剥离了国有企业的政策性负担和政府干预,才能还原企业真实的盈利状况,否则,无法区分其财务亏损究竟是政策性亏损还是经营本身的亏损。其次,需要对国有企业的业绩进行客观的评价,且应与行业标杆企业比较,采取相对业绩评价的方式。最后,应对国企高管的机制合理设计,应改革国企与职级绑定的薪酬制度,提升年薪、奖金对企业财务绩效的敏感性,并试点国有企业员工持股计划等长期激励形式。

本章小结

地方国有企业是中国经济发展的中坚力量,在供给侧结构性改革中应发挥带头作用,成为改革的主力军和先行者。地方国有企业存在的突出困境是债务水平过高,且面临较为严重的投融资期限错配问题。本章以2005—2013年中国工业企业数据库(CIED)中规模以上的非上市国有企业为样本,构建"投资-负债"模型分析短期债务变化

量和长期投资额之间的动态关系,从预算软约束和金融市场结构两个维度剖析造成国有企业投融资期限错配的内在机理。研究发现:(1)我国央企和地方国企的投资更依赖新增债务而非留存收益,预算软约束问题严重;(2)金融市场提供长期资金的能力不足,国有企业进行长期债务融资的渠道受限;(3)国有企业的投资活动更依赖新增短期债务,存在投融资期限错配问题,且地方国有企业的投融资期限错配问题更加严重。本章的研究结果表明,为了实现地方国有企业去杠杆且优化债务结构,应从国企本身、银行信贷、政府行为和资本市场等方面进行综合治理,以提升地方国有企业的内源融资能力,并完善金融市场结构。

第五章

地方政府债务风险与城投债信用利差

党的十九大报告明确指出，我国当前的经济发展方式面临着跨时代的转型，在过去投资依赖的经济增长方式下，地方政府在基建设施上的支出偏向导致政府部门的杠杆率日益攀升、债务风险逐渐积累是亟待解决的问题之一（梅冬州等，2018）。自2019年开始，大部分城投债偿债期限满，面临着巨额兑付，余量城投债亟待偿还，新的增量还在不断累积。截至2019年年底，1 202个发债主体已共计发债3 593只，发债额度超过3万亿元，远超2018年2.3万亿元的发债量，城投债债券余额高达8万亿元，共计2 054个发债主体的9 205只城投债券等待偿还，地区债务风险不断积聚。本质上，地方政府债务风险的积聚是以往地方政府追求经济高速增长而产生投资冲动的外化体现，合理的债务对促进地区经济增长具有正面作用，但地方政府债务的一个突出问题是信用评级未能同步反映地方政府债务风险。

按照Wind资讯金融终端的统计，截至2018年6月底，采用地方有息债务除以公共财政收入衡量地区债务风险，贵州省的债务风险排全国首位，其中，遵义和贵阳的债务率高达729.1%和689.7%。值得关注的是，贵州省城投平台涉及发行人72个，信用评级以AA评级为主，占比高达78%，信用评级未能同步反映地方政府的债务风险。债务风险进一步积聚。2019年12月6日，"16呼和经开PPN001"城投债首现违约，未能及时偿付回售款及利息。虽然该首单城投债违约事件经呼和浩特市政府的积极协调兑付后得到平息，但是一向刚性兑付的城投债也因为此次"违约风波"而引发市场对地方政府债务的风险预警。

随着城投债发行规模的扩大，地方政府的债务风险不断增加，城投债的信用评级却未发生明显变化。背靠地方政府的资金支持，城投债的偿还具有地方政府的隐性担保，是各信用评级机构竞相争取的"优质客户"。评级机构出于维系市场份额和地方行政部门关系等方面的考虑，可能会放大信用评级中政府担保的作用，提高对部分信用瑕疵的容忍度，使得城投债的信用评级结果普遍偏高（崔伟波，2017）。虽然城投债的信用评级高，融资成本低于一般企业债，但其相对基准利率的信用利差近年来不断提高。2019年，各信用等级城投债发行人的融资成本相比2018年均有所增加，低级别主体的成本增幅更大，成本优势进一步缩小。发行人的债务风险越高、信用评级就越低、信用利差就越大这一传统的信用传导机制不再适用。

本章主要研究地方政府债务风险与城投债信用评级以及城投债信用利差之间的作用机制，创新之处体现在以下几个方面：首先，以往城投债相关研究都是以省级行政区域为单位，本章更细致地基于地级市行政区域的宏观数据和发债企业的微观数据，以期得到更为精确的结果。其次，现有文献通常将隐性担保作为单独变量，研究其对城投债融资成本的影响，但现有模型中识别出的担保因素往往是单个公司层面的，本章创新性地融入地方政府债务风险因素，进而探究地方政府债务风险、隐性担保、城投债信用利差三者之间的作用机制。最后，已有文献在对城投债信用利差的影响因素进行分解时，主要从宏观经济因素和微观个体财务数据着手，而忽略了金融市场因素的影响，本章在控制变量中加入了市场变量，进一步改善了利差分解模型。

第一节 文献回顾及研究假设

一、地方政府债务风险与城投债信用评级

信用评级是债券发行时的重要信息，它可以为投资者提供有效

的风险信息，减少信息不对称的风险，高信用评级可以有效降低债券发行成本（李亚平和黄泽民，2017）。对于我国目前信用评级体系的有效性，已有部分学者进行研究，并认为其存在监管系统不统一、判断标准不明确、内控制度不完善（张志军，2013）等诸多缺陷，刘士达等（2018）针对银行同业存单展开研究，认为同业存单信用评级未能完全有效地反映银行的信用风险。目前尚无文献针对城投债信用评级的有效性进行研究，当前，我国城投债的信用评级普遍较高，且随着近年来地方政府债务的攀升，城投债外部信用评级却依然呈现易上难下的特征，根据Wind的数据显示，每年信用评级被下调的债券中，城投债评级下调只数明显少于产业债，信用评级是否能够同步反映地方政府债务风险值得商榷。不同于一般债券评级，城投债信用评级除了考虑企业自身财务数据和债项自身特性，更多地关注于区域经济发展状况和地方政府的财政实力。现有文献重点在于考察城投债信用评级的影响因素，并利用统计模型预测债券评级和信用风险（蒋忠元，2011）。

  信用评级的影响因素大致可概括为三类。第一类是宏观经济因素，包括人均GDP（Aronson and Marsden，1980）、GDP增速（罗明琦，2014）、税收制度（George and Zaporowski，2012）等；第二类是地方经济因素，包括区域经济发展水平、地方政府财政收入水平（朱洁和李齐云，2016）、地方政府表现（Zhao and Guo，2011；Depken and Lafountain，2016）、地方固定资产投资（Hu et al.，2017）、城市失业率（Liu and Thankor，1984）、城市地理位置（刘子怡，2015）等；第三类是城投企业财务数据和债项特性，包括城投企业的行业特征、运营能力、盈利能力、偿债能力（方红星等，2013；王博森和施丹，2014；施丹和姜国华，2013）、发债规模（张海星和靳伟凤，2016）、发行方式（王永钦等，2015）等。其中，地方经济因素包含地方债务规模和地方债务风险因素，已有文献在研究信用评级时往往将地方债务风险作为控制变量，鲜少将其作为关键因子进行研究，事实上，由于城投债的偿还在很大程度上依赖于地方政府的注资和支持，其背靠的地方政府债务风险对于债项的清偿风险具有关键性的影响。

目前，我国的外部评级体系尚未完善，城投债的信用评级还存在诸多缺陷。一方面，由于当前信用评级体系的发行方付费模式，信用评级普遍存在虚高的状况，未能准确反映发债主体和债项本身的风险水平（寇宗来和刘学悦，2015）；另一方面，信用评级往往具有一定的滞后性，由于城投债"政府兜底"的特性，其发行成本往往低于一般企业债，且信用评级越高，融资成本越低（杨娉和李博，2015），这使得信用评级高的地方政府和城投企业有更高的动力发行城投债，而地方政府债务的增加并不能及时传导至新的评级。因此，本章提出假设 H1。

假设 H1：城投债发行时，信用评级未能有效地反映地方政府的债务风险。

二、地方政府债务风险与城投债信用利差

对于城投债信用利差的研究，现有的大部分文献利用分解模型分析其影响因素，大致可分为宏观经济、地方因素、个体特质等部分（张燃，2008；戴国强，2010），整体与信用评级的分析类似。只是信用评级此时作为影响信用利差的一个重要影响因子。本章主要从地方政府债务风险、信用评级对城投债信用利差进行研究。以往文献已经针对这两者的影响机制做了以下研究：对于地方政府债务风险，

学者往往利用一系列的计量模型对其进行度量和预测（王振宇等，2013），并在城投债信用利差分解模型中将地方政府债务规模作为控制变量。现有大部分研究都认为信用评级与融资成本存在一定的负相关关系（刘娥平，2014；赵晓琴和万迪昉，2011），发行人可以通过信用评级向市场传递自身信用状况（Hseuh 和 Kidwell，1988），且由于市场信息不对称的问题，国内市场投资者更依赖于评级信息（胡臻，2011）。

目前，鲜有研究将政府债务风险作为核心变量，研究其与城投债融资成本的关系。城投企业一般背靠政府，大部分的城投企业资金主要来自地方政府的划拨和补贴，其相对于一般企业信用等级较高，融资成本也低于一般企业债的发行。由于地方政府官员的晋升激励（王叙果等，2012），地方政府的债务越来越高，一方面，城投债信用评级无法及时地反映地方政府债务风险的变化；另一方面，债券市场往往相对更为有效，其能更快地将地方政府风险因素反映在城投债定价上，此时，不断增加的地方政府债务风险将对信用评级有效性产生显著的负面影响。综上所述，本章提出假设 H2。

假设 H2：地方政府的债务风险越高，信用评级的有效性就越低，信用评级降低信用利差的作用就减弱。

三、地方政府债务风险与隐性担保信息含量

信用评级既包括公开市场信息，也考虑了市场定价时识别出的隐性担保信息。地方政府的隐性担保是城投债区别于一般企业债券的最大特征。现有文献基本认同地方政府隐性担保与城投债信用利差具有一定的负相关关系。罗荣华和刘劲劲（2016）认为，地方政府

隐性担保对投资者会产生显著的正影响。汪莉和陈诗一（2015）认为，在地方经济水平改善时，隐性担保可以有效地降低城投债的融资成本。目前鲜少文献将政府隐性担保与地方政府债务风险相联系。现有文献往往直接将地方政府的财政状况作为隐性担保的替代变量（钟晓辉等，2016），地方政府财政收入作为市场可得的公开信息，并非真正意义上的隐形担保，本章所述的隐性担保，是指市场识别出的除公开信息之外的其他影响发债成本的信息。地方政府的财政能力越强，清偿能力就越强，除了直接影响信用评级和债券自身信息，可能会影响隐性担保信息含量，进而影响城投债的信用利差。事实上，目前模型识别出的往往是单个公司层面的信用评级和隐性担保（沈红波和廖冠民，2014），本章认为，若地方政府的债务风险上升，则市场定价时除了会降低信用评级的有效性，同样会降低隐性担保的信息含量的有效性，从而削弱其对于降低融资利率的作用。综上所述，本章提出假设H3。

假设H3：地方政府的债务风险越高，隐性担保的信息含量就越低，隐性担保降低信用利差的作用就减弱。

第二节 研 究 设 计

一、样本选取

本章利用地方城投企业有息债务规模占公共财政收入的比重来衡量地方政府的债务风险，不同于以往文章以省级行政区为单位，本章进一步细化到地市级，以期更准确地度量地方政府债务水平对城投债发行的影响。本章的城市财政数据和有息债务规模数据来源于各城市年度报告，为手动收集整理，共包括全国318个市级行政区2016年和2017年的城市财政数据。由于海南省未公布城市财政数据，本次研究未包含海南省的相关数据。相应地，本章选取了2017—2018年发行的所有城投债作为样本，剔除了海南省发行的所有城投债以及一些无评级历史、缺失财务数据等样本，最终得到3 606个样本。其中，发行城投债最多的城市为南京市，两年共发行了160支城投债，超过宁夏、内蒙古、新疆、辽宁等多个省份的发行总量。除了城市GDP、公共财政收入及有息债务规模等地方财政信息，债券的发行主体信息、债项信息及相应的国债利率、SHIBOR利率、贷款利率均来源于Wind数据库。本章的被解释变量——信用利差是由债券票面利率平减手动匹配的发行当天对应的相同期限基准利率得到的。

二、模型设计

1. 地方政府债务风险与城投债信用评级

本章首先验证城投债发行时的信用评级是否反映了地方政府债务风险，即地方政府债务风险对信用评级是否产生负面影响，模型如公式(5-1)所示。对于被解释变量，本章选取了债券发行时的主体评级，并在稳健性检验时替换为债项评级，分别将AAA、AA＋、AA、AA－、A＋及以下的信用评级赋值为5、4、3、2、1。由于被解释变量为有顺序的离散变量，本章采用Ordered-Probit模型和Ordered-Logit模型进行回归，使结论更准确，且两者可互为稳健性检验。对于地方政府的债务风险，现有文献主要选取债务依存度、偿债率和债务负担率等指标来度量（缪小林和伏润民，2012），本章主要考虑债务风险对城投债发行的影响，采用地方城投企业有息债务规模占公共财政收入的比例这一指标，以期更好地关注城投债偿债压力和还款能力。对于控制变量，参考王宇（2013）、王博森等（2014）、申卫东（2017）等文章，本章将债券评级的影响因素分为两部分：（1）发债主体变量，包括发债前一年的城市国内生产总值自然对数 $\ln GDP_{t-1}$、地方政府财政收入 $\ln Rev_{t-1}$、发行人总资产的自然对数 $\ln Asset_{t-1}$、总资产收益率 ROA_{t-1}、资产负债率 $Leverage_{t-1}$、流动比率 $Liquidity_{t-1}$、总资产周转率 TTM_{t-1}；（2）债项变量，包括债券发行规模的自然对数 $\ln Amount_{t}$、债券期限 $Duration_{t}$、发行时有无担保的哑变量 $Assurance_{t}$。若假设 H1 正确，预期 β_1 不显著异于 0。

$$\begin{aligned} I\_Rating_{i,t} = & \beta_0 + \beta_1 Risk_{i,t-1} + \beta_2 \ln GDP_{i,t-1} + \beta_3 \ln Rev_{i,t-1} \\ & + \beta_4 \ln Asset_{i,t-1} + \beta_5 ROA_{i,t-1} + \beta_6 Leverage_{i,t-1} \\ & + \beta_7 Liquidity_{i,t-1} + \beta_8 TTM_{i,t-1} \\ & + \beta_9 \ln Amount_{i,t-1} + \beta_{10} Duration_{i,t-1} \\ & + \beta_{11} Assurance_{i,t-1} + \varepsilon \end{aligned} \quad (5-1)$$

2. 地方政府债务风险与信用评级有效性

为了验证地方政府债务风险对信用评级有效性的负面影响，即地方政府的债务风险越高，信用评级对于降低信用利差的作用就越弱，本章设计模型如公式（5-2）所示。其中，被解释变量信用利差的计算，分别选取了债券发行时对应的同期限国债利率、SHIBOR 利率、银行贷款利率作为基准利率，利用城投债的票面利率相减得到 $Spread\_C_{i,t}$、$Spread\_S_{i,t}$ 和 $Spread\_L_{i,t}$，三者可互为稳健性检验。

在控制变量方面，参考李虹含（2015）等，在模型（5-1）的基础上加入了市场变量：债券发行时的中证 500 指数 $Index_t$、国开债与国债的信用利差 I_Spread_t。其中，由于信用利差可以视为企业价值为标的的看跌期权，而股票可以视为看涨期权，因此，信用利差中的信用风险溢价部分与股票指数负相关，中证 500 指数会影响债券信用风险溢价；由于国债的税收优惠和避险特性，国开-国债信用利差可以反映债券税收溢价和流动性溢价。若假设 H2 正确，预期信用评级越高，债券信用利差越小，β_1 显著小于 0；地方政府债务风险越高，债券风险溢价越高，信用评级的有效性也越低，信用评级对于降低信用利差的作用越弱，β_2 显著大于 0，β_3 显著大于 0。

$$\begin{aligned}
&Spread\_C_{i,t} / Spread\_S_{i,t} / Spread\_L_{i,t} \\
&= \beta_0 + \beta_1 I\_Rating_{i,t} + \beta_2 Risk_{i,t-1} + \beta_3 I\_Rating_{i,t} \times Risk_{i,t-1} \\
&\quad + \beta_4 \ln GDP_{i,t-1} + \beta_5 \ln Rev_{i,t-1} + \beta_6 \ln Asset_{i,t-1} + \beta_7 ROA_{i,t-1} \\
&\quad + \beta_8 Leverage_{i,t-1} + \beta_9 Liquidity_{i,t-1} + \beta_{10} TTM_{i,t-1} \\
&\quad + \beta_{11} \ln Amount_{i,t-1} + \beta_{12} Duration_{i,t-1} + \beta_{13} Assurance_{i,t-1} \\
&\quad + \beta_{14} Index_{i,t} + \beta_{15} I\_Spread_{i,t} + \varepsilon
\end{aligned} \quad (5-2)$$

3. 地方政府债务风险与隐性担保信息含量

为了验证地方政府债务风险对隐性担保信息含量的负面影响，即地方政府的债务风险越高，隐性担保对于降低信用利差的作用就越弱，本章设计模型如公式（5-3）所示。对于隐性担保的度量，现有部分文献一般选取公共财政收入（罗荣华，2016）或地方政府财政收入（钟辉勇，2016）等指标，但评级机构和投资者均可通过公开信息获取该数据，其并非完全的隐性担保。真正影响债券定价的隐性担保应该是无法通过市场信息获得的除了财务指标等显性担保之外的信息。本章参考沈红波和廖冠民（2014），选取模型（5-2）中的回归残差 ε 来衡量隐性担保信息含量 $Implication_t$，该残差有效地度量了信用利差中除了显性信息以外的影响因素，即隐性担保的信息含量。若假设 H3 正确，预期隐性担保信息含量越高，债券信用利差越小，β_1 显著小于 0；地方政府债务风险越高，债券风险溢价越高，隐性担保信息含量也越少，隐性担保对于降低信用利差的作用越弱，β_2 显著大于 0，β_3 显著大于 0。

$$\begin{aligned}
&Spread\_C_{i,t} / Spread\_S_{i,t} / Spread\_L_{i,t} \\
&= \beta_0 + \beta_1 Implication_{i,t} + \beta_2 Risk_{i,t-1} + \beta_3 Implication_{i,t} \times Risk_{i,t-1} \\
&\quad + \beta_4 \ln GDP_{i,t-1} + \beta_5 \ln Rev_{i,t-1} + \beta_6 \ln Asset_{i,t-1} + \beta_7 ROA_{i,t-1} \\
&\quad + \beta_8 Leverage_{i,t-1} + \beta_9 Liquidity_{i,t-1} + \beta_{10} TTM_{i,t-1} \\
&\quad + \beta_{11} \ln Amount_{i,t-1} + \beta_{12} Duration_{i,t-1} + \beta_{13} Assurance_{i,t-1} \\
&\quad + \beta_{14} Index_{i,t} + \beta_{15} I\_Spread_{i,t} + \varepsilon
\end{aligned} \quad (5\text{-}3)$$

模型设计中相关的主要变量定义如表 5-1 所示。

表 5-1　主要变量定义

变量		变量定义
被解释变量	I_Rating_t	债券发行时的主体评级，AAA、AA+、AA、AA−、A+ 及以下分别赋值为 5、4、3、2、1
	Spread_C	度量城投债信用利差的第一种方法，等于债券发行时的票面利率减发行时相同期限的国债利率
	Spread_S	度量城投债信用利差的第二种方法，等于债券发行时的票面利率减发行时的 SHIBOR 利率
	Spread_L	度量城投债信用利差的第三种方法，等于债券发行时的票面利率减发行时相近期限的贷款利率

(续表)

变量		变量定义
地区风险变量	$Risk_{t-1}$	全国各地市级地方政府债务风险的衡量指标，等于债券发行前一年该市发债城投企业有息债务规模占公共财政收入的比例
发债主体变量	$\ln GDP_{t-1}$	债券发行前一年当地城市GDP的自然对数
	$\ln Rev_{t-1}$	债券发行前一年当地城市财政收入的自然对数
	$\ln Asset_{t-1}$	发行债券上一期发行人总资产的自然对数
	ROA_{t-1}	发行债券上一期发行人的总资产收益率
	$Leverage_{t-1}$	发行债券上一期发行人的资产负债率
	$Liquidity_{t-1}$	发行债券上一期发行人的流动比率
	TTM_{t-1}	发行债券上一期发行人的总资产周转率
债项变量	$\ln Amount_t$	债券发行规模的自然对数
	$Duration_t$	债券到期期限
	$Assurance_t$	债券发行时是否有担保，有担保赋值为1，无担保赋值为0
市场变量	$Index_t$	市场信用风险溢价的度量指标，等于债券发行时的中证500指数
	I_Spread_t	市场流动性溢价与税收溢价的度量指标，等于债券发行时同期限国开债与国债的信用利差

第三节 实证检验结果及分析

一、描述性统计

本章主要考察地方政府债务风险、城投债信用评级和信用利差三者的相互作用机制。图5-1展示了2017—2018年我国318个地级市债务率及其发行的城投债信用评级和平均利差情况。从信用级别来看，各地区发行的城投债信用等级均集中在AA级别，地区间无显著差异；信用利差为各市发行的所有城投债相对于相同期限的国债利差的平均值，不同地区的信用利差围绕3%上下波动，且地区间差异较大。大致来看，信用评级和利差与地区债务风险似乎没有直接的正相关或负相关关系，但本章通过进一步的数据回归检验探索了三者背后的逻辑关系，这恰恰说明了研究这一未直接浮于表面的关系和规律的重要性和意义。

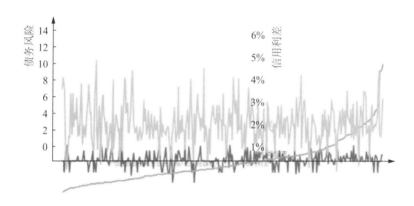

图5-1 各地级市债务风险、信用评级和利差

表5-2列示了本章主要变量的描述性统计，仍按照定义分为被解释变量、地区风险变量、发债主体变量、债项变量和市场变量5类。从发行城投债的信用评级来看，平均值达到3.65，大部分发债主体的评级为AA级及以上；从发行城投债的信用利差来看，城投债发行利率普遍高于国债利率和SHIBOR利率，与贷款利率更为接近，且不同债项之间的利率差距较大，最高利率比最低利率高5.4%；从市级地区的债务风险来看，地区债务水平偏高，平均有息债务规模约为地方公共财政收入的4倍，最高者甚至接近20倍，地方仍存在很大的偿债压力和债务风险。

表 5-2 主要变量的描述性统计

变量及指标	观察量	平均值	标准差	最小值	最大值
Panel A		被解释变量			
I_Rating_t	3 606	3.6540	0.8740	1.0000	5.0000
$Spread\_C_t$	3 606	0.0257	0.0097	0.0017	0.0560
$Spread\_S_t$	3 606	0.0347	0.0103	0.0078	0.0665
$Spread\_L_t$	3 606	0.0128	0.0098	−0.0161	0.0390
Panel B		地区风险变量			
$Risk_{t-1}$	3 606	3.9321	2.1492	0	19.8154
Panel C		发债主体变量			
$\ln GDP_{t-1}$	3 606	8.5113	0.9512	5.0754	11.4084
$\ln Rev_{t-1}$	3 606	6.1277	1.1503	2.3517	9.3338
$\ln Asset_{t-1}$	3 606	5.9078	1.1040	−2.4118	10.1374
ROA_{t-1}	3 606	1.9583	1.4390	−3.1910	15.8400
$Leverage_{t-1}$	3 606	57.1400	12.9700	3.1300	97.9600
$Liquidity_{t-1}$	3 606	4.2410	6.3520	0.0607	157.8000
TTM_{t-1}	3 606	0.1020	0.1550	0	3.9290
Panel D		债项变量			
$\ln Amount_t$	3 606	1.9662	0.6604	−2.3029	4.2765
$Duration_t$	3 606	4.4890	2.0000	0.6380	15.0000
$Assurance_t$	3 606	0.1160	0.3200	0	1.0000
Panel E		市场变量			
$Index_t$	3 606	5 650.0000	841.1000	4 018.0000	6 710.0000
I_Spread_t	3 606	0.0070	0.0024	0.0000	0.0127

二、地方政府债务风险与城投债信用评级

本章首先考察地方政府债务水平是否影响城投债发行时的信用评级，即信用评级是否有效地反映了地方政府的债务风险。由于信用评级变量为有序离散变量，本章采用 Ordered-Probit 模型和 Ordered-Logit 模型分别进行回归检验，以期获得更为准确的结论，且两者可

互为稳健性检验。表 5-3 列示了根据模型（5-1）回归后的结果，Ordered-Probit 模型和 Ordered-Logit 模型回归得到的系数均未显著异于 0，地方政府债务水平并未对信用评级产生显著影响，即验证了假设 H1，城投债发行时，信用评级未能有效地反映地方政府的债务风险。其他变量的系数均符合常理，地方财政收入、总资产收益率、资产负债率、总资产周转率等与信用评级成正比；担保性与信用评级成反比，可能原因在于低信用评级发债主体需要第三方担保来提高债券发行的成功率。

表 5-3　地区风险对城投债信用评级的影响

变量及指标	Ordered-Probit 模型		Ordered-Logit 模型	
	I_Rating_t	I_Rating_t	I_Rating_t	I_Rating_t
$Risk_{t-1}$		−0.0072		−0.0001
		(0.0094)		(0.0165)
$\ln GDP_{t-1}$	−0.0384	−0.0352	−0.0663	−0.0663
	(0.0915)	(0.0915)	(0.1625)	(0.1627)
$\ln Rev_{t-1}$	0.3956***	0.3922***	0.7251***	0.7251***
	(0.0771)	(0.0772)	(0.1373)	(0.1375)
$\ln Asset_{t-1}$	−0.0026	−0.0064	0.0125	0.0125
	(0.0184)	(0.0173)	(0.0323)	(0.0324)
ROA_{t-1}	0.2132***	0.2112***	0.3602***	0.3603***
	(0.0215)	(0.0216)	(0.0384)	(0.0387)
$Leverage_{t-1}$	0.0154***	0.0155***	0.0248***	0.0248***
	(0.0018)	(0.0018)	(0.0033)	(0.0033)
$Liquidity_{t-1}$	−0.0247***	−0.0248***	−0.0519***	−0.0519***
	(0.0032)	(0.0032)	(0.0083)	(0.0083)
TTM_{t-1}	0.5667***	0.5635***	1.7898***	1.7899***
	(0.1499)	(0.1500)	(0.3282)	(0.3287)

(续表)

变量及指标	Ordered-Probit 模型		Ordered-Logit 模型	
	I_Rating_t	I_Rating_t	I_Rating_t	I_Rating_t
ln $Amount_t$	0.8564***	0.8559***	1.5600***	1.5600***
	(0.0339)	(0.0339)	(0.0638)	(0.0638)
$Duration_t$	−0.0346**	−0.0352***	−0.0616**	−0.0616**
	(0.0115)	(0.0115)	(0.0205)	(0.0205)
$Assurance_t$	−1.6884***	−1.6865***	−3.3721***	−3.3721***
	(0.0771)	(0.0771)	(0.1638)	(0.1638)
Pseudo R^2	0.2935	0.2935	0.3035	0.3035
观测数量	3 606	3 606	3 606	3 606

注：括号内为系数标准误，*、**、*** 分别表示在10%、5%、1%水平上显著。

三、地方政府债务风险与信用评级有效性

接下来，本章将探究地方政府债务风险是否对城投债信用利差产生影响。根据模型（5-2）回归后得到表5-4所示的结果。由（1）、（3）、（5）列结果可得，评级的回归系数显著小于0，即信用评级越高，城投债发行时的信用利差就越低，发行利率就越低；由（2）、（4）、（6）列结果可得，债务风险的回归系数显著大于0，即虽然地方政府的债务风险对信用评级无显著影响，但地方政府债务风险越高，城投债发行时的信用利差就越高，发行利率就越高；两者的交叉系数显著大于0，即地方政府的债务风险越高，信用评级降低信用利差的作用就越弱，验证了假设H2，即地方政府债务风险降低了信用评级的有效性。其他变量的系数均符合常理，地方财政收入、总资产收益率、担保性等与债券发行信用利差成反比；中证500指数与债券发行信用利差成反比，国开—国债信用利差与债券发行信用利差成正比，即市

场信用风险和流动性风险越高，信用利差就越高。

表 5-4 地区风险对信用评级有效性的影响

变量及指标	Spread_C_t		Spread_S_t		Spread_L_t	
	（1）	（2）	（3）	（4）	（5）	（6）
I_Rating_t	−0.0057***	−0.0053***	−0.0059***	−0.0055***	−0.0058***	−0.0054***
	(0.0002)	(0.0003)	(0.0002)	(0.0004)	(0.0002)	(0.0003)
$Risk_{t-1}$		0.0008**		0.0009**		0.0008**
		(0.0003)		(0.0003)		(0.0003)
IR × Risk		0.0009***		0.0010***		0.0009***
		(0.0001)		(0.0001)		(0.0001)
$\ln GDP_{t-1}$	0.0006	0.0004	0.0003	0.0000	0.0004	0.0002
	(0.0006)	(0.0006)	(0.0006)	(0.0006)	(0.0006)	(0.0006)
$\ln Rev_{t-1}$	−0.0019***	−0.0017***	−0.0016**	−0.0015**	−0.0017***	−0.0016***
	(0.0005)	(0.0005)	(0.0005)	(0.0005)	(0.0005)	(0.0005)
$\ln Asset_{t-1}$	−0.0001	−0.0001	−0.0000	−0.0000	0.0000	−0.0000
	(0.0001)	(0.0001)	(0.0001)	(0.0001)	(0.0001)	(0.0001)
ROA_{t-1}	−0.0006***	−0.0005***	−0.0005***	−0.0004***	−0.0005***	−0.0004***
	(0.0001)	(0.0001)	(0.0001)	(0.0001)	(0.0001)	(0.0001)
$Leverage_{t-1}$	0.0001***	0.0000***	0.0000**	0.0000**	0.0000**	0.0000**
	(0.0000)	(0.0000)	(0.0000)	(0.0000)	(0.0000)	(0.0000)
$Liquidity_{t-1}$	−0.0000	−0.0000	−0.0000	0.0000	0.0000	−0.0000
	(0.0000)	(0.0000)	(0.0000)	(0.0000)	(0.0000)	(0.0000)
TTM_{t-1}	0.0009	0.0012	0.0011	0.0013	0.0009	0.0012
	(0.0009)	(0.0009)	(0.0010)	(0.0010)	(0.0009)	(0.0009)
$\ln Amount_t$	−0.0015***	−0.0015***	−0.0013***	−0.0013***	−0.0013***	−0.0012***
	(0.0002)	(0.0002)	(0.0002)	(0.0002)	(0.0002)	(0.0002)
$Duration_t$	0.0000	0.0001	0.0010***	0.0010***	0.0005***	0.0006
	(0.0000)	(0.0001)	(0.0001)	(0.0001)	(0.0001)	(0.0001)

(续表)

变量及指标	Spread_C_t		Spread_S_t		Spread_L_t	
	(1)	(2)	(3)	(4)	(5)	(6)
Assurance$_t$	-0.0052***	-0.0052***	-0.0039***	-0.0039***	-0.0039***	-0.0040***
	(0.0005)	(0.0005)	(0.0005)	(0.0005)	(0.0005)	(0.0005)
Index$_t$	-0.0000***	-0.0000***	-0.0000***	-0.0000***	-0.0000***	-0.0000***
	(0.0000)	(0.0000)	(0.0000)	(0.0000)	(0.0000)	(0.0000)
I_Spread$_t$	0.3898***	0.3925***	0.2799***	0.2827***	0.3671***	0.3699***
	(0.0651)	(0.0645)	(0.0688)	(0.0681)	(0.0652)	(0.0646)
Constant	0.0737***	0.0712***	0.0749***	0.0723***	0.0459***	0.0434***
	(0.0025)	(0.0027)	(0.0027)	(0.0028)	(0.0025)	(0.0027)
Adj R^2	0.3938	0.4054	0.3934	0.4044	0.4000	0.4113
观测数量	3 606	3 606	3 606	3 606	3 606	3 606

注：括号内为系数标准误，*、**、***分别表示在10%、5%、1%水平上显著。

四、地方政府债务风险与隐性担保信息含量

除了可获得的公开财务信息，各发债主体和债项发行时的隐性担保信息也会对债券发行时的利率产生影响。本章利用分部回归法（Agarwal and Hauswald，2012），参考沈红波和廖冠民（2014）的方法，将模型（5-2）回归得到的残差作为隐性担保信息含量的度量指标，利用模型（5-3）进一步回归，得到的结果如表5-5所示。由（1）、（3）、（5）列结果可得，隐性担保的回归系数显著小于0，即债券发行时，市场可以识别出除公开市场信息以外的隐性担保信息，该信息可以有效降低城投债发行时的信用利差；由（2）、（4）、（6）列结果可得，隐性担保信息和地方政府债务风险的交叉项系数显著大于0，地方政

府债务风险越高，隐性担保信息对于降低信用利差的作用就越弱，验证了假设 H3，即隐性担保只是公司层面降低利差，而地方政府债务风险的提高从地区总体经济方面降低了隐性担保信息的信息含量。其他变量的系数均未发生明显变化。

表 5-5　地区风险对隐性担保信息含量的影响

变量及指标	$Spread\_C_t$		$Spread\_S_t$		$Spread\_L_t$	
	（1）	（2）	（3）	（4）	（5）	（6）
$Implication_t$	-0.0056***	-0.0050***	-0.0058***	-0.0050***	-0.0058***	-0.0050***
	(0.0002)	(0.0004)	(0.0002)	(0.0004)	(0.0002)	(0.0004)
$Risk_{t-1}$		0.0006***		0.0006***		0.0006***
		(0.0001)		(0.0001)		(0.0001)
$Imp \times Risk$		0.0016***		0.0021***		0.0019***
		(0.0001)		(0.0001)		(0.0001)
$\ln GDP_{t-1}$	0.0007	0.0005	0.0004	0.0002	0.0006	0.0003
	(0.0006)	(0.0006)	(0.0006)	(0.0006)	(0.0006)	(0.0006)
$\ln Rev_{t-1}$	-0.0031***	-0.0029***	-0.0029***	-0.0027***	-0.0030***	-0.0028***
	(0.0005)	(0.0005)	(0.0005)	(0.0005)	(0.0005)	(0.0005)
$\ln Asset_{t-1}$	-0.0001	-0.0001	-0.0000	-0.0000	0.0000	-0.0000
	(0.0001)	(0.0001)	(0.0001)	(0.0001)	(0.0001)	(0.0001)
ROA_{t-1}	-0.0011***	-0.0010***	-0.0011***	-0.0010***	-0.0011***	-0.0010***
	(0.0001)	(0.0001)	(0.0001)	(0.0001)	(0.0001)	(0.0001)
$Leverage_{t-1}$	0.0000	0.0000	-0.0000	0.0000	-0.0000	0.0000
	(0.0000)	(0.0000)	(0.0000)	(0.0000)	(0.0000)	(0.0000)
$Liquidity_{t-1}$	0.0001***	0.0001***	0.0001***	0.0001***	0.0001***	0.0001***
	(0.0000)	(0.0000)	(0.0000)	(0.0000)	(0.0000)	(0.0000)
TTM_{t-1}	-0.0009	-0.0006	-0.0008	-0.0005	-0.0009	-0.0006
	(0.0009)	(0.0009)	(0.0010)	(0.0010)	(0.0009)	(0.0009)

(续表)

变量及指标	Spread_C_t		Spread_S_t		Spread_L_t	
	(1)	(2)	(3)	(4)	(5)	(6)
ln Amount$_{t-1}$	−0.0041***	−0.0040***	−0.0039***	−0.0039***	−0.0039***	−0.0038***
	(0.0002)	(0.0002)	(0.0002)	(0.0002)	(0.0002)	(0.0002)
Duration$_t$	0.0001	0.0002**	0.0011***	0.0011***	0.0006***	0.0007***
	(0.0001)	(0.0001)	(0.0001)	(0.0001)	(0.0001)	(0.0001)
Assurance$_t$	−0.0007	−0.0008*	0.0008*	0.0007*	0.0007	−0.0006
	(0.0004)	(0.0004)	(0.0005)	(0.0004)	(0.0004)	(0.0004)
Index$_t$	−0.0000***	−0.0000***	−0.0000***	−0.0000***	−0.0000***	−0.0000***
	(0.0000)	(0.0000)	(0.0000)	(0.0000)	(0.0000)	(0.0000)
I_Spread$_t$	0.3800***	0.3823***	0.2698***	0.2717***	0.3571***	0.3591***
	(0.0652)	(0.0645)	(0.0689)	(0.0681)	(0.0653)	(0.0645)
Constant	0.0623***	0.0610***	0.0631***	0.0618***	0.0342***	0.0330***
	(0.0025)	(0.0025)	(0.0026)	(0.0026)	(0.0025)	(0.0025)
Adj R^2	0.3913	0.4056	0.3910	0.4048	0.3975	0.4117
观测数量	3 606	3 606	3 606	3 606	3 606	3 606

注：括号内为系数标准误，*、**、***分别表示在10%、5%、1%水平上显著。

五、稳健性分析

本章分别以国债、SHIBOR和贷款利率作为基准利率计算城投债信用利差，均得到相似结论，三者可互为稳健性检验。进一步地，为了验证上述回归结果的稳健性，将债券发行时的主体信用评级替换为债项评级，可得到相似结论，如表5-6所示。城投债债项评级未能及时地反映地方政府债务风险水平；债项评级越高，信用利差就越低，但地方政府债务风险的提高会显著降低债项评级的有效性。将债

表 5-6 以债项评级衡量信用评级的稳健性检验

变量及指标	Panel A：地区风险与信用评级		
	Ordered-Probit 模型	Ordered-Logit 模型	OLS 回归
	I_Rating_t	I_Rating_t	I_Rating_t
$Risk_{t-1}$	−0.0072	−0.0001	−0.0092*
	(0.0094)	(0.0165)	(0.0049)
Controls	控制	控制	控制
Pseudo R^2	0.2935	0.3035	0.5015
观测数量	3 606	3 606	3 606

变量及指标	Panel B：地区风险与信用评级有效性					
	$Spread\_C_t$		$Spread\_S_t$		$Spread\_L_t$	
	(1)	(2)	(3)	(4)	(5)	(6)
I_Rating_t	−0.0047***	−0.0033***	−0.0048***	−0.0033***	−0.0047***	−0.0032***
	(0.0002)	(0.0004)	(0.0002)	(0.0004)	(0.0002)	(0.0004)
$Risk_{t-1}$		0.0021***		0.0021***		0.0020***
		(0.0006)		(0.0006)		(0.0006)
IR×Risk		0.0038***		0.0038***		0.0038***
		(0.0001)		(0.0001)		(0.0001)
Controls	控制	控制	控制	控制	控制	控制
Adj R^2	0.1376	0.1408	0.1859	0.1895	0.1887	0.1900
观测数量	3 606	3 606	3 606	3 606	3 606	3 606

注：括号内为稳健标准误，*、**、*** 分别表示在 10%、5%、1% 水平上显著。

券票面利率替换为到期收益率进行检验，结论依然稳健，如表 5-7 所示。信用评级和隐性担保可以有效地降低以到期收益率衡量的城投债信用利差，但随着地方政府债务风险的增加，信用评级和隐性担保信息含量的有效性降低。

表 5-7 以到期收益率衡量信用利差的稳健性检验

变量及指标	Panel A：地区风险与信用评级有效性					
	Spread_C_t		Spread_S_t		Spread_L_t	
	(1)	(2)	(3)	(4)	(5)	(6)
I_Rating$_t$	−0.0067***	−0.0051***	−0.0069***	−0.0053***	−0.0068***	−0.0052***
	(0.0004)	(0.0007)	(0.0004)	(0.0007)	(0.0004)	(0.0007)
Risk$_{t-1}$		0.0019***		0.0019***		0.0019***
		(0.0006)		(0.0006)		(0.0006)
IR × Risk		0.0042***		0.0042***		0.0041***
		(0.0002)		(0.0002)		(0.0002)
Controls	控制	控制	控制	控制	控制	控制
Adj R^2	0.1500	0.1535	0.1939	0.1974	0.1931	0.1965
观测数量	3 606	3 606	3 606	3 606	3 606	3 606
变量及指标	Panel B：地区风险与隐性担保信息量					
	Spread_C_t		Spread_S_t		Spread_L_t	
	(1)	(2)	(3)	(4)	(5)	(6)
Implication$_t$	−0.0066***	−0.0049***	−0.0068***	−0.0049***	−0.0068***	−0.0049***
	(0.0004)	(0.0009)	(0.0004)	(0.0009)	(0.0004)	(0.0009)
Risk$_{t-1}$		0.0005***		0.0005***		0.0005***
		(0.0001)		(0.0001)		(0.0001)
Imp × Risk		0.0045***		0.0046***		0.0045***
		(0.0002)		(0.0002)		(0.0002)
Controls	控制	控制	控制	控制	控制	控制
Adj R^2	0.1492	0.1530	0.1932	0.1972	0.1924	0.1962
观测数量	3 606	3 606	3 606	3 606	3 606	3 606

此外，由于各地方政府发行城投债的数量和频率差距较大，本章进一步以城投债发行数量为权重进行 WLS 回归，结论仍然稳健。

第四节 研究结论及政策建议

地方政府债务规模高企,债务风险不容小觑。本章基于地级市的宏观数据和城投平台的微观数据,探究了地方政府债务风险与城投债信用评级和信用利差之间的作用机制,通过实证研究得出以下结论:地方政府债务风险的高低并未对城投债发行时的主体信用评级产生显著影响,即城投债的信用评级并未有效地反映地方政府的债务风险。但地方政府债务风险对城投债的信用利差具有显著的负面影响,降低了信用评级的有效性,削弱了高信用评级对于降低信用利差的作用。总体来说,地方政府债务风险并未有效地传导至城投债的信用评级,但债券市场地方政府债务风险显著影响了城投债发行价格。地方政府债务风险、城投债信用评级、城投债信用利差这一传导机制在信用评级这一环节出现"断点"。基于上述结论,本章提出一些政策建议,以期促进债券市场的健康发展和地方政府债务风险的良性化解。

首先,完善我国的信用评级体系,发展第三方信用评级。随着非金融体系信用评级机构的快速发展,我国的信用评级体系正在逐步趋向市场化,信用评级对于债券发行成本具有一定的解释力(何平和金梦,2010),但仍存在着评级信息不透明、评级机制不完善、评级机构与发行人合谋等问题,信用评级尚未完全有效地反映信用风险(刘士达等,2018)。政府应积极推动信用评级机制和体系的完善,加快推进平台付费、投资者付费等评级模式,拓宽评级机构的收入来源（Mathis et al.，2009），真正有效地发挥信用评级对于提供风险信息、监督企业良好运行、提高市场效率等方面的功能，使得地方政府债务风险、城投债信用评级、城投债信用利差三者之间的传导机制有效运行。其次，打破刚性兑付，进一步消除政府隐性担保。地方政府对城投债的隐性担保一直是政府隐性债务的一大根源，其使得城投企业更像一个"融资平台"，而非市场化企业（罗荣华和刘劲劲，2016）。根据本章的研究结果，不断增加的地方政府债务风险将对信用评级的有效性和隐性担保信息含量产生显著的负面影响，地方政府不能依赖低融资成本的城投债不断扩张其债务规模，因此，消除隐性担保、打破刚性兑付才是可持续发展之道。虽然2014年国务院发布的"43号文"有效削弱了隐性担保和刚性兑付的作用，但城投债仍未完全市场化，城投债发行价格和偿债能力仍在很大程度上依赖于其背靠的地方政府的财政能力、支持意愿和注资水平。下一步，政府应制定合理的城投债管理机制，推动政府债务信息和城投企业信息透明化，打破市场对于城投债刚性兑付的预期，消除政府隐性担保机制，一方面，有利于推动地方政府隐性债务的良性发展，减小地方政府的债务风险；另一方面，可以促使城投债发行和流通的市场化运作，促进中国债券市场健康良好地发展。最后，目前城投债的资金流向还不够合理，大量资金流向低收益率的项目，解决地方政府债务风险的根本方法在于投资真正开发有价值、有潜力的产业和项目。城投债的项目选择应该以市场化为主导，以项目的盈利性和现金流作为保障，实现政府投资的可持续发展。

本章小结

城投债市场存在的一个突出问题是信用评级未能同步反映地方政府的债务风险,这阻碍了地方政府债务的良性发展。本章采用地级市的财政数据和城投企业的微观数据,研究了地方政府债务风险与城投债信用评级以及城投债信用利差之间的作用机制。实证研究发现:(1)城投债发行时,信用评级未能有效地反映地方政府的债务风险。(2)地方政府债务风险越高,信用评级的有效性就越低,即信用评级降低信用利差的作用减弱。(3)隐性担保能显著降低债券发行利差,随着地方政府债务风险的提高,隐性担保降低信用利差的作用减弱。本章的研究成果表明,当前城投债信用评级体系尚不完善,无法及时地反映发债主体的风险水平,且不断增加的地方政府债务风险将对信用评级的有效性产生显著的负面影响。建议地方政府避免依赖低融资成本的城投债不断扩张其债务规模,消除隐性担保、打破刚性兑付才是可持续发展之道。

第六章

政府隐性担保、债券违约与国企信用债利差

证券市场最重要的功能就是服务实体经济,为企业提供融资服务。中国经济高速增长的状态已告一段落,取而代之的是追求经济的高质量发展(徐忠,2018)。经济高质量发展背景下应提高直接融资比重,降低银行风险,降低企业融资成本,从而保证经济增长处于合理的区间。直接融资和间接融资比例反映一国金融体系配置效率是否与实体经济相匹配。间接融资的比重过高不利于经济增长方式由低级要素驱动和投资驱动转向高级要素和创新驱动。债券是一种重要的直接融资工具,从债券市场发展的现状来看,债券市场的直接融资功能正在逐步发挥。根据 Wind 咨询金融终端的统计,截至 2020 年 12 月,我国的企业债券融资(企业债、公司债、短期融资券和中期票据)规模在 27.62 万亿元,占全部债券余额的比例已增长到 23.61%(国债和金融债合计占比仍高达 77.34%),占居民储蓄 150.2 万亿元的 18.39%。

然而,企业信用债市场存在的一个突出问题是政府隐性担保。债券隐性担保而形成的刚性兑付预期会导致资源流向产能过剩的企业甚至是僵尸企业,并带来债务效率的下滑(聂新伟,2016)。当前,地方债务的野蛮生长正是依靠政府的隐性担保。这些"高收益、低风险"的债券,扭曲了市场定价,让投资者在投资时完全不考虑风险因素。一旦打破了政府隐性担保,允许国企债券违约,投资者就要重点考虑风险因素,不能仅关注收益率的高低。

自 2014 年 3 月超日太阳能债券违约以来,信用债违约出现加速状态①,而国企债券的违约比民企债券违约更能加重投资者对市场整体违约风险的恐慌。债券违约事件进一步发展,在违约程度上,从无

---

① 2014 年 3 月的"11 超日债"违约,是我国债券市场上首例公开出现的民企公募债违约,虽然"超日债"最终在地方政府的协调和救助下,通过申请破产重组还债解决了债务问题。

法支付当期利息，逐渐发展到本息皆不能偿还；在信用等级上，违约产品有逐步向信用评级水平高、股东背景较强的方向发展的趋势。我国债券市场在2020年年底的债券余额高达117万亿元，已超过股票市场，如果债券市场利率无法真实地反映债券风险，政府扮演"救火队"角色，就容易出现一个扭曲的市场。虽然暂时缓解危机，但债务风险并没有消除且会给未来带来更大的危机（汪莉和陈诗一，2015）。同时，从积极的层面来看，打破刚性兑付有利于优化信贷资源。国企债券违约现象的出现，也会导致整个市场信用风险提升，提升投资机构和评级机构的风险鉴别能力，推动国有企业的去杠杆进程。容忍更多违约事件的暴露，显示了中国政府积极地将金融体系向更为市场化方向推进以及建立风险信用定价的决心（罗伯特·席勒，2016）。而打破刚性兑付，政府就不能再为信用债提供隐性担保，这需要降低政府干预的程度，并推动国有企业的市场化转型。

国内已有的关于债券市场隐性担保和违约的研究主要分为两大类。第一类是研究隐性担保对债券信用利差的影响。韩鹏飞等（2016）在研究了2007—2012年发行的国企债券和城投债券后指出，隐性担保降低债券信用风险的作用在信用评级越低的债券上越显著。王博森和施丹（2014）在研究了公司债发行条款和发行主体财务信息的关系后发现，城投债的会计信息对于发行条款设置的影响力明显低于民企债券，并指出这可能是由于城投公司有类似于政府的垄断性造成的，投资者也就不那么关注会计信息。第二类是债券违约对评级机构的影响。黄小琳等（2017）研究后认为，评级机构出于维护市场份额和声誉的考虑，在评级失败后仍然倾向于给出高估的评级。上述研究存在一些不足之处：首先，在对政府隐性担保的度量上，有较多的学者采用地区间的公共财政收入或土地出让收入度量隐性担保，这一计量方法的缺陷是债券之间政府隐性担保的程度各不相同，存在较大的异质性，采用地区的数据难以区分债券本身的差异；此外，政府隐性担保的本质是一种政府干预行为，公共财政实力越强的地区实际上显性担保实力更强，因而不需更多的隐性担保；最后，较多的学者研究了隐性担保对信用评级和利率的影响，但尚没有研究债券违约是如何影响评级机构的评级调整。

本章的创新之处主要体现在两个方面。首先，对隐性担保的计量，目前国内学者主要采用的是宏观层面的隐性担保意愿（地方公共财政收入），也有部分学者采用微观上市公司层面的政府隐性担保行为（政府补贴和利率优惠）。本章认为对债券发行主体而言，宏观层面的隐性担保能力并不能完全反映实质性的隐性担保，因此采用了阿加瓦尔和豪斯沃尔德（2010）的正交分解方法，将企业的财务数据等硬信息作为自变量，将信用评级作为因变量，其回归的残差作为隐性担保软信息。其次，本章主要从政府隐性担保的角度出发，研究国企打破刚性兑付的动因及其对债券市场的作用机制。这将有助于认识中国债券市场投资者和评级机构对违约事件的反应，全面地考察整个市场对隐性担保的认识，对合理确定债券市场的风险定价具有参考意义。

第一节 理论分析和研究假说

一、债券市场的违约风险和道德风险

由于我国的金融市场起步较晚，很多机构在销售产品时都因为

业绩压力而存在不同程度的误导性推销,"保本""刚性兑付"等应运而生并经久不息(项峥,2014)。但是公募债券的刚性兑付和银行支付利息有所区别,后者具有明确的法律规定且债务人有能力支付利息,而前者的债务人通常发生了兑付危机,仍然保证如期兑付的原因是有第三方"兜底"。市场所熟知的国企债券刚性兑付表现在,当地方国企面临兑付危机时,地方政府会通过直接补贴、协调银行、减免税收或者注入资产等各种方式帮助,最终避免实质性违约(魏明海等,2017)。

降低违约风险,实施刚性兑付主要有以下原因:第一,中国经济起步较晚,在 40 余年里经济发展的稳定性是首要的政治需求;第二,金融市场发展不够成熟,违约和监管以及后续处理等各方面的制度尚不完善,刚性兑付反而是最简单的解决问题的做法;第三,金融中介机构未尽职尽责,在销售以及风控方面都让位于利润;第四,投资者风险意识淡薄,对风险报酬的相关性理解不到位,追求本不应当存在的低风险高收益。

刚性兑付在降低违约风险的同时,却大幅提高了道德风险。从债务人的角度看,盈利能力弱的企业获得资源配置并最终导致不良债务越来越重,刚性兑付可以提高债务人的信用评级水平,降低融资成本,但是债务人的违约风险并没有消失而是在不断积聚;从投资者的角度看,由于长期以来的高预期收益率没有被打破,投资者的风险承担意愿远低于股票,这进一步抬高了无风险利率,扭曲了风险和收益;从金融中介的角度看,由于存在第三方担保或"兜底"的预期,为了吸引投资者,金融机构会优先选择收益高的项目,忽视项目的潜在风险。

二、打破债券市场刚性兑付的动因

隐性担保和刚性兑付现象虽然也存在于其他国家，但国外相关研究不多。国外对隐性担保的界定与中国有一定的差别，国外的政府隐性担保一般是为了防止发生系统性风险，专门针对规模以上的银行做出，且限于金融危机的特殊背景下（O'hara and Shaw，1990）。这种行为会对被担保银行的股票和债券的定价造成影响（Flannery and Sorescu，1996）。在中国市场，可以把政府的隐性担保理解为政府与发行人之间的一种直接或间接担保关系，之所以隐性，是因为政府从来没有给过任何担保的承诺或者暗示，但是市场参与者却认为政府会在债券面临兑付危机时提供资金支持。在实际债券发行的操作过程中，也仅有在少数符合要求的情况下，政府才会为其控股的城投平台或者国企做担保，所以，市场上很多国企债券是无担保的。但是由于国企是推动区域经济发展的重要生产力，且在股权关系上与政府有一定的关联性，无论是迫于业绩的压力（Li and Zhou，2005），还是出于对关联方的救助，政府对国企都有担保动机。因此，投资者也顺其自然地放松对国企债券发行主体的财务要求（Chen et al.，2010；Qian et al.，2008）。

我国政府干预金融行业由来已久，其干扰信用资源配置主要体现在以下三个方面。首先，政府关注的是全社会的福利，而银行只关心自身利益最大化，当某个项目无利可图且银行不愿再融资时，政府会给银行某种形式的好处以诱使它为坏项目再融资，包括为项目进行隐性担保。其次，政府会干预信用资源的定价，要求信用资源对地方国有项目给予更低的定价，关于意大利银行的研究表明，国有银行相比民营银行对同等质量的企业或经济发展落后地区的企业提供贷款时要求更低的利率（Sapienza，2014）。最后，当企业出现财务困境时，出于政绩和维稳的需要，千方百计地让企业活下来，包括对困境企业的政府补助、税收优惠、债券展期和资产注入等。

国企债券违约后，将打破刚性兑付的怪圈，使投资者在购买债券时更多关注发债主体的财务和非财务方面的竞争优势，使信用评级机构更加谨慎地进行信用评级。在市场化的大背景下，刚性兑付违背了市场规律，其风险并没有消除而是在不断积聚，最终，僵尸企业会越来越多，而急需资金的优质民营企业难以获得信用资源。打破刚性兑付是政府隐性担保的主动退出行为，有助于化解中国金融体系的风险，引导资金流向风险和收益比例更合理的企业。虽然政府主动退出隐性担保在短期内对市场参与者会造成较大冲击，但是从长远来看有利于中国债券市场不断走向成熟。冲击主要体现在由于市场的违约预期和带来的流动性紧缩风险，而利好主要体现在违约风险释放后，风险定价机制将重新回归到以基本面为基础的正确思路上。

三、债券违约对债券市场的作用机制：理论假说

中国的债券市场已经积累了较多的违约债券，信用评级机构评级的准确性也受到了挑战。评级机构为了维护自身声誉，在出现评级失败的事件后倾向于出具更加真实准确的评级，所以，新给出的评级会偏低。债券违约的影响还体现在信用风险的传染上。债券违约将消耗同一区域内的信用资本，不仅企业的融资成本会大大上升，还将对整个区域的企业融资带来不利影响。2016年，东北特钢的违约影响了整个东北三省的债券发行情况。同一区域内企业的信用变动具有同

方向性的特征，违约企业具有在省份内集中的现象。因此，在控制其他影响信用评级因素的前提下，本章提出假说 H1。

H1：国企债券违约后，涉及违约的省份内的国企信用评级水平将下降。

评级可信度在很大程度上表现在投资者利用信用评级判断企业的债券风险，从而要求相应的风险回报和补偿。如果涉事信用评级的可信度不再被债券投资者认可，信用评级作为独立第三方的"信用背书"作用就会消失，发债企业和债券投资者之间的信息不对称程度也会上升，债券投资者预期的风险回报和补偿都会提高。因此，随着信用评级可信度的下降，信用评级对于降低债券融资成本的作用也相应下降。据此，在控制其他因素的前提下，本章提出假说 H2。

H2：国企债券违约后，信用评级降低融资利率的作用会下降。

信用评级本身是一种综合信息，既包含了企业财务的硬信息，又包含了政府隐性担保的软信息。本章参照阿加瓦尔和豪斯沃尔德（2010）的正交分解方法，将信用评级机构提供的企业信用等级信息分解为市场公开信息与隐性担保信息，其中，市场公开信息主要是企业产权、财务等信息，而隐性担保信息即为信用评级机构向资本市场提供的增量信息。本章认为，企业自身的公开信息在短期没有发生变化，但是政府隐性担保的信息含量会随着债券违约事件的发生而变化，因此，信用评级可信度的降低主要是由于政府隐性担保的作用降低了。如果某一省份出现了国企债券违约，投资者对于该省份刚性兑付的信念就可能动摇，该省国企债券隐性担保的信用背书作用可能就不再被投资者认可，投资者要求的风险补偿也就相应提高，隐性担保降低债券发行时信用利差的作用就会下降。据此，在控制其他影响发行利差因素的前提下，本章提出假说 H3。

H3：隐性担保能显著降低债券发行利差，随着省内债券违约数额的增加，隐性担保的作用开始降低。

第二节 研究设计

一、数据来源与样本

本章主要研究国企债券违约带来的影响，数据来源于同花顺iFinD数据库。本章选取2014年1月1日到2017年12月31日发行的所有已到期和未到期的地方国企信用债券，剔除发行失败的债券共得到6 668个样本。样本中包括短融、超短融、中期票据以及公司债，剔除了资产支持证券、私募债、集合票据、其他债券等。按以下步骤处理数据：（1）为避免控制权归属不一致带来估计结果的不准确，剔除城投债券和央企债券；（2）考虑经营性质的差异，剔除金融机构发行的债券；（3）剔除评级信息和财务信息缺失的样本，最终得到4 011个可观察样本。债券的发行和财务信息来自同花顺数据库，各个省份年度人均GDP的数据从国家统计局网站上手工摘取。

二、模型设定与变量

对于假说H1，本章将影响债券评级的因素分为违约情况、市场公开信息以及专有信息。公开信息由债券自身特征，发行人特征和外部经济因素等构成。由于样本都是地方国企债券，隐性担保的特征决定了该因素是债券最主要的专有信息。相对于公众投资者而言，信用评级机构更能够把握专有信息，因此，信用评级中包含了隐性担保提供的信息。我们将企业发行的主体评级赋值作为因变量并设定模型：

$$\begin{aligned} I\_Rating = & \alpha_0 + \alpha_1 D\_Amount + \alpha_2 Duration + \alpha_3 ListLocation \\ & + \alpha_4 Public + \alpha_5 LnAsset + \alpha_6 \ln I\_Amount + \alpha_7 AtoL \\ & + \alpha_8 ROA + \alpha_9 SaleGrow + \alpha_{10} ATurnover \\ & + \alpha_{11} Liquidity + \alpha_{12} Big4 + \sum \alpha_i Ind_i + \sum \beta_i Year_i + \varepsilon \end{aligned}$$

（6-1）

模型中的被解释变量 I_Rating 为债券发行时发行主体的信用评级得分，用1分到8分别表征A一级到AAA级。本章选取省内债券违约金额总和 D_Amount 作为违约情况的替代变量，考虑到市场反应的及时性，采用债券发行当年的违约数据，同时设计 Default 哑变量。其余变量均为市场公开信息，参考现有的对债券违约风险以及定价影响因素的研究（方红星等，2013；王博森和施丹，2014）设计而成。本章用残差来计量隐性担保的专有信息（沈红波和廖冠明，2014），同时预期债券违约后信用评级会降低，预期模型中系数 α_1 的符号为负。

对于假说 H2，我们预期国企债券违约后，涉及违约省份中信用评级降低融资利率的作用会下降。模型（6-2）主要是对信用评级和发行利差之间进行检验。信用评级能降低信息不对称，降低债券发行的利率，因此，预测模型（6-2）的变量 I_Rating 前面的系数 α_1 的符号为负。但是债券违约会提高市场的风险溢价，即债券违约金额 D_

Amount 系数 α_2 的符号为负,同时,我们预测债券违约后,信用评级降低债券发行利差的作用下降,即交叉项 I_Rating×D_Amount 的回归系数 α_3 显著为正。

$$\begin{aligned}
\text{I\_Spread} = & \alpha_0 + \alpha_1 \text{I\_Rating} + \alpha_2 \text{D\_Amount} + \alpha_3 \text{I\_Rating} \\
& \times \text{D\_Amount} + \alpha_4 \text{Duration} + \alpha_5 \text{ListLocation} \\
& + \alpha_6 \text{Public} + \alpha_8 \ln \text{Asset} + \alpha_7 \text{LnI\_Amount} + \alpha_8 \text{AtoL} \\
& + \alpha_9 \text{ROA} + \alpha_{10} \text{SaleGrow} + \alpha_{11} \text{ATurnover} + \alpha_{12} \text{Liquidity} \\
& + \alpha_{13} \text{Big4} + \sum \alpha_i \text{Ind}_i + \sum \beta_i \text{Year}_i + \varepsilon
\end{aligned} \qquad (6-2)$$

针对假说 H3,我们需要度量隐性担保,之前关于城投债的研究已经考虑过指标的选取问题。钟辉勇等(2016)用地方政府的财政收入情况来体现债券背后政府真实隐性担保的"能力"和"概率",而地方政府整体的财政收入又可以分为公共财政收入、土地出让收入和财政转移支付三类。罗荣华(2016)在研究城投债时采用了公众财政收入。本章认为利用财政收入度量隐性担保具有一定的偏差:首先,该变量具有一定的片面性,不能完全体现隐性担保的机制;其次,城投公司几乎可以作为政府的一部分,但地方国企公司制的性质更显著,财政收入并不适合;最重要的是,该变量可能体现的是显性担保,但是在债券市场上有价值的并不是政府实际的显性担保能力,而是隐性担保的信息含量,也就是投资者识别到的担保信息并最终认定的债券背后隐性担保的强度,这才是影响债券定价的关键。

利用信用评级提供的专有信息能解决上述问题,所以,用模型(6-1)中估计的残差来度量债券隐性担保的信息含量(IntanGar)。为了检验隐性担保在债券发行利差中起到的作用,以及债券违约对隐性担保信息含量的影响，我们设计交互变量 $\text{IntanGar} \times \text{D\_Amount}$，并构建模型（6-3）：

$$\begin{aligned}
\text{I\_Spread} = & \alpha_0 + \alpha_1 \text{D\_Amount} + \alpha_2 \text{IntanGar} + \alpha_3 \text{IntanGar} \\
& \times \text{D\_Amount} + \alpha_4 \text{Duration} + \alpha_5 \text{ListLocation} + \alpha_6 \text{Public} \\
& + \alpha_7 \text{LnAsset} + \alpha_8 \text{LnI\_Amount} + \alpha_9 \text{AtoL} + \alpha_{10} \text{ROA} \\
& + \alpha_{11} \text{SaleGrow} + \alpha_{12} \text{ATurnover} + \alpha_{13} \text{Liquidity} + \alpha_{14} \text{Big4} \\
& + \sum \alpha_i \text{Ind}_i + \sum \beta_i \text{Year}_i + \varepsilon \quad\quad\quad (6\text{-}3)
\end{aligned}$$

本书认为，债券违约会促使投资风险规避，追求更高的风险溢价，因此，预期 $\alpha_1 > 0$。本章假设隐性担保包含的信息能降低债券的发行利差，无论是否有债券违约的情况发生，投资者均能识别，因此，预期 IntanGar 的系数 $\alpha_2 < 0$。但是债券违约后隐性担保的信息含量下降，具体表现就是隐性担保降低发行利差的作用会下降，投资者对隐性担保的信任度下降，因此，预期 $\text{IntanGar} \times \text{D\_Amount}$ 的系数 $\alpha_3 > 0$。模型中具体的变量定义详见表 6-1。

表 6-1　主要变量定义表

Panel A	违约变量
Default	虚拟变量，1 表示该省份当年存在国企债券违约，否则，为 0
D_Amount	发债主体发债当年所属省份国企债券违约金额，单位为万元，违约金额为正时，取自然对数
Panel B	被解释变量
I_Spread（%）	债券发行利差，债券发行票面利率－发行时对应期限的 Shibor
I_Rating	债券发行时的主体信用评级得分，AAA 为 8，AAA－为 7，AA+为 6，AA 为 5，AA－为 4，A+为 3，A 为 2，A－为 1

(续表)

Panel C	债券自身特征变量
Duration	债券发行期限，单位为年
ListLocation	债券上市地点，虚拟变量，1表示银行间市场，0表示交易所市场
LnI_Amount	债券规模，单位为亿元，取自然对数
Big4	债券发行时是否经四大审计，虚拟变量，1为是，0为否
Panel D	债券发行主体特征
Public	发债主体是否为上市公司，虚拟变量，1表示上市公司，否则，为0
LnAsset	上期发行人总资产，单位为万元，取自然对数
AtoL(%)	上期发行人资产负债率
ROA(%)	上期发行人总资产收益率
SaleGrow(%)	上期发行人营业总收入同比增长率
ATurnover(%)	上期发行人总资产周转率
Liquidity	上期发行人流动比率

第三节 实证研究结果

一、主要变量的描述性统计

表 6-2 显示了主要变量的描述性统计结果，分为违约变量、信用评级和信用利差、债券自身特征变量以及债券发行主体特征变量四类。其中，资产负债率（AtoL）、总资产报酬率（ROA）、销售收入增长率（SaleGrow）等极端值采用 1% 的缩尾处理（Winsorize）。从表 6-2 中可以看出，虽然发行利差的均值为 0.877%，但是样本个体之

间差异较大，最低的发行利率甚至低于无风险利率，为-0.87%，最高达到4.958%，说明市场对国企债券的识别具有较强的区分度。相比于民营公司，国企的融资成本始终相对较低。其他控制变量诸如ROA等各类财务指标都存在较明显的差异。债券的发行主体评级从均值来看偏高，且标准差与均值的比例很小，说明评级较为集中地落在AA+等级附近。为了进一步观察主体评级的分布，本章分别按发行年份和发行主体统计了表6-3。

表6-2　主要变量的描述性统计

变量	观察值	平均数	标准差	最小值	最大值
Default	4 011	0.070	0.255	0.000	1.000
D_Amount	4 011	0.771	2.832	0.000	13.050
I_Spread(%)	4 011	0.877	0.909	-0.870	4.958
I_Rating	4 011	6.056	1.322	1.000	8.000
Duration	4 011	2.250	2.247	0.019	15.011
LnI_Amount	4 011	2.115	0.783	-0.693	4.605
Big4	4 011	0.073	0.261	0.000	1.000
LnAsset	4 011	15.184	1.197	11.710	17.660
AtoL	4 011	66.091	14.709	24.670	86.390
ROA	4 011	3.949	2.727	-0.120	13.450
SaleGrow	4 011	9.286	22.553	-32.450	88.900
ATurnover	4 011	0.618	0.609	0.000	4.960
Liquidity	4 011	1.322	1.684	0.050	34.040

表6-3　国企债券发行主体评级分布

年份	AAA	AAA-	AA+	AA	AA-	A+	A	A-	Total
2014	56	21	92	149	63	7	2	0	390
	14.36%	5.38%	23.59%	38.21%	16.15%	1.79%	0.51%	0.00%	100.00%
2015	62	28	130	189	53	10	1	2	475
	13.05%	5.89%	27.37%	39.79%	11.16%	2.11%	0.21%	0.42%	100.00%

(续表)

年份	AAA	AAA−	AA+	AA	AA−	A+	A	A−	Total
2016	92	25	144	186	33	8	0	2	490
	18.78%	5.10%	29.39%	37.96%	6.73%	1.63%	0.00%	0.41%	100.00%
2017	88	13	108	103	12	4	1	0	329
	26.75%	3.95%	32.83%	31.31%	3.65%	1.22%	0.30%	0.00%	100.00%

注：此表是按年份统计每年发债主体的评级，除了当年有评级调整，一个发债主体当年的评级只计数1次，因此，总和数低于债券总数量。

从表6-3中可以发现，无论发行年份如何，国企债券的主体评级均集中在AA以上，占据发债主体的85%以上，区分度不如债券发行的信用利差。2015年首次出现国企债券违约，但是从整体主体评级的分布来看，评级似乎反而有上升的趋势，由于债券违约的作用机制需要分离出企业的硬信息和政府隐性担保的软信息，因此，需要对违约因素进行多元回归检验。

二、国企债券违约对信用评级影响的实证分析

根据本章的研究设计，第一步就国企债券违约对信用评级的影响进行分析。由于发行人信用评级是有序变量，可以进行Logit检验。但是Logit模型的系数仅仅表示相对概率（胜率）的对数值，不能直观体现各个变量对评级的影响力，本章首先对发行评级进行Ordered Logit回归，各变量均已通过相关系数检验，不存在严重的多重共线性问题，表6-4显示了模型系数的回归结果。表6-4的实证结果表明，债券违约对信用评级带来了较大的负面冲击，发生债券违约的省份，国企债券的信用评级结果较低，是否违约（Default）和违约金额（D_Amount）也与I-Rating显著负相关。其他控制变量均与预期相

符，资产规模较大、盈利状况较好（ROA）、四大审计（Big4）对公司的信用评级也较高。

表 6-4 债券违约对信用评级影响的 Ordered Logit 模型检验结果

变量	(1) I_Rating	(2) I_Rating	(3) I_Rating
Default		−0.875***	
		(−6.925)	
D_Amount			−0.083***
			(−7.245)
Duration	0.152***	0.157***	0.157***
	(7.965)	(8.184)	(8.177)
ListLocation	0.171	0.167	0.168
	(1.482)	(1.439)	(1.447)
Public	0.082	0.094	0.092
	(1.015)	(1.164)	(1.142)
LnAsset	1.763***	1.796***	1.796***
	(31.044)	(31.345)	(31.359)
LnI_Amount	0.275***	0.264***	0.267***
	(4.475)	(4.289)	(4.335)
AtoL	−0.052***	−0.052***	−0.052***
	(−15.288)	(−15.368)	(−15.373)
ROA	0.195***	0.200***	0.201***
	(13.084)	(13.362)	(13.378)
SaleGrow	−0.005***	−0.006***	−0.006***
	(−3.272)	(−3.791)	(−3.849)
ATurnover	0.543***	0.528***	0.528***
	(8.384)	(8.146)	(8.151)
Liquidity	−0.149***	−0.148***	−0.148***
	(−6.315)	(−6.288)	(−6.273)
Big4	0.726***	0.667***	0.666***
	(5.420)	(4.945)	(4.937)

(续表)

变量	(1) I_Rating	(2) I_Rating	(3) I_Rating
Ind	控制	控制	控制
Year	控制	控制	控制
Observations	4 011	4 011	4 011
Pseudo R^2	0.2780	0.2820	0.2824

注：括号中为 Z 统计值，*、**、*** 分别表示在 10%、5%、1%水平上显著。

三、国企债券违约后信用评级降低信用利差的作用

研究设计的第二步是分析债券违约后，信用评级降低融资利率的作用会下降。表 6-5 是信用评级和信用利差的回归结果。表 6-5 的模型（6-1）是主体信用评级和信用利差的回归结果，本章发现，评级越高，利差越低。模型（6-2）加入了债券违约变量 D_Amount，研究发现，债券违约金额与信用利差显著正相关。模型（6-3）进一步检验了评级和违约金额的交叉项 IR_DA，实证结果表明，债券违约降低了信用评级的作用，即交叉项显著为正。其他控制变量与预期相符，规模越大的公司，其信用利差越低。但是，信用评级这个变量不仅包含企业基本面的硬信息，还包含政府隐性担保的软信息，需要对其信息含量进行进一步分解，解释其政府隐性担保的作用机制。

表 6-5 债券违约后信用评级降低信用利差的作用

变量	(1) I_Spread	(2) I_Spread	(3) I_Spread
I_Rating	−0.238*** (−18.453)		−0.232*** (−17.681)

(续表)

变量	(1) I_Spread	(2) I_Spread	(3) I_Spread
D_Amount		0.043***	−0.010
		(10.062)	(−0.504)
IR_DA			0.007**
			(2.324)
Duration	0.178***	0.161***	0.176***
	(26.810)	(23.804)	(26.795)
ListLocation	0.093**	0.084**	0.097**
	(2.246)	(1.977)	(2.364)
Public	0.073**	0.041	0.066**
	(2.461)	(1.339)	(2.272)
LnAsset	−0.076***	−0.269***	−0.091***
	(−3.780)	(−15.024)	(−4.544)
LnI_Amount	−0.008	−0.029	−0.006
	(−0.375)	(−1.291)	(−0.299)
AtoL	0.014***	0.019***	0.014***
	(11.705)	(16.254)	(11.868)
ROA	−0.023***	−0.043***	−0.025***
	(−4.425)	(−8.132)	(−4.830)
SaleGrow	−0.001***	−0.001	−0.001**
	(−2.715)	(−1.240)	(−2.121)
ATurnover	−0.081***	−0.130***	−0.080***
	(−3.343)	(−5.254)	(−3.319)
Liquidity	0.041***	0.053***	0.041***
	(4.800)	(6.026)	(4.782)
Big4	−0.080*	−0.127***	−0.052
	(−1.673)	(−2.590)	(−1.097)

(续表)

变量	(1) I_Spread	(2) I_Spread	(3) I_Spread
Industry	控制	控制	控制
Year	控制	控制	控制
Observations	4 011	4 011	4 011
R-squared	0.385	0.350	0.39

注：括号中为回归系数 T 统计值，*、**、*** 分别表示在 10%、5%、1% 水平上显著。

四、国企债券违约后政府隐性担保的作用

随着国企债券违约现象的增多，倒逼"刚性兑付"退出。而且这些国企的偿付难度比民企更大，特大型的央企和国企很难被兼并，最终将很可能释放区域性风险。在此情况下，评级机构在获得利润和市场占有率的同时也不得不考虑自己评级的准确性，以免在监管不断完善的大背景下受到处罚。同时，准确的评级也是争取获得投资者信任的措施。本章按阿加瓦尔和豪斯沃尔德（2010）提出的两步回归方法度量政府隐性担保及其作用机制，认为信用评级中包含的专有信息可以准确地反映隐性担保信息。第一步，按照表6-4中模型（6-1）计算信用评级的影响因素，其残差就是评级中的隐性担保专有信息；第二步，将残差放入信用利差的影响因素模型中，检验隐性担保的信息含量以及出现债券违约后隐性担保的效果出现了何种变化。

表6-6的模型（6-3）加入了省内违约金额 D_Amount，发现投资者与评级机构一样，认为地域内的违约风险有传染性。模型（6-2）加入隐性担保提供信息的变量 IntanGar，该变量在1%的水平下显著为

负，意味着隐性担保提供的信息能降低企业的融资成本。最后，将违约金额 D_Amount、隐性担保提供的信息 IntanGar 以及交互变量 IntanGar×D_Amount 加入模型（6-3），发现交互变量 IntanGar×D_Amount 的回归系数为正，且在1%的水平上显著，违约金额变量和隐性担保变量的符号和显著性没有发生改变。说明虽然隐性担保能降低债券的发行成本，但是在有债券违约的情况下，隐性担保相对于投资者的信息含量降低了，因为隐性担保降低债券融资成本的作用有了明显下降，假说 H3 得到验证。

表 6-6　债券违约后政府隐性担保的作用

变量	（1） I_Rating	（2） I_Spread	（3） I_Spread
D_Amount			0.041***
			（9.761）
IntanGar		−0.204***	−0.207***
		（−15.403）	（−15.152）
IntanGar×D_Amount			0.012***
			（2.785）
Duration	0.067***	0.163***	0.161***
	（8.255）	（24.503）	（24.494）
ListLocation	0.060	0.090**	0.098**
	（1.172）	（2.142）	（2.357）
Public	0.111***	0.045	0.039
	（3.056）	（1.514）	（1.334）
LnAsset	0.774***	−0.269***	−0.275***
	（36.175）	（−15.265）	（−15.733）
LnI_Amount	0.106***	−0.026	−0.024
	（3.958）	（−1.188）	（−1.096）

(续表)

变量	(1) I_Rating	(2) I_Spread	(3) I_Spread
AtoL	−0.022***	0.019***	0.019***
	(−15.527)	(16.532)	(16.601)
ROA	0.080***	−0.042***	−0.043***
	(12.674)	(−7.965)	(−8.304)
SaleGrow	−0.002**	−0.001**	−0.001
	(−2.404)	(−2.140)	(−1.466)
ATurnover	0.234***	−0.135***	−0.129***
	(7.917)	(−5.529)	(−5.339)
Liquidity	−0.051***	0.053***	0.052***
	(−4.892)	(6.096)	(6.120)
Big4	0.344***	−0.158***	−0.127***
	(5.891)	(−3.285)	(−2.671)
Industry	控制	控制	控制
Year	控制	控制	控制
Observations	4 011	4 011	4 011
R-squared	0.560	0.370	0.385

注：括号中为回归系数 T 统计值，*、**、*** 分别表示在 10%、5%、1% 水平上显著。

五、稳健性检验

政府的公共财政状况是债权人衡量政府担保能力的重要因素，参考汪莉和陈诗一（2015）的方法，本章采用地方公共财政收入除以 GDP 作为政府隐性担保能力（Im_Guarantee）的稳健性检验。地级市层面的财政变量数据来源于历年的《中国城市统计年鉴》。表 6-7 的模型（6-1）统计结果表明，政府隐性担保能显著降低国企信用债的利差。但是，当进一步考虑债券违约因素后，违约金额变量（D_Amount）与信用债利差显著正相关，且考虑债券违约后，隐性担保的系数出现了较大幅度的下降。本章还将前文回归中采用的债券违约金额 D_Amount 替换为当期省内违约债券数量 D_Count 重新进行回归，将新的残差作为隐性担保的代理变量，发现违约债券数量同样能较好地量化隐性担保提供的信息，且当违约出现时同样呈现出信息含量下降的特征。

表 6-7 采用地级市的公共财政收入除以 GDP 度量隐性担保

变量	（1）I_Spread	（2）I_Spread
D_Amount		0.056***
		(2.819)
Im_Guarantee	−2.608***	−2.135***
	(−9.599)	(−7.746)
Im_Guarantee × D_Amount		−0.244
		(−1.008)
Control Variables	控制	控制
Observations	4 011	4 011
R-squared	0.348	0.359

注：括号中为回归系数 T 统计值，*、**、*** 分别表示在 10%、5%、1% 水平上显著。

第四节 研究结论和建议

维持金融体系稳定和防控系统性风险是中央政府的主要监管目标，

但是在当前去杠杆的过程中，非国有企业的杠杆率明显下降，而国有企业的杠杆率仍相对较高（纪洋等，2018）。国企高债务比例的核心问题是政府的隐性担保问题。本章的实证结果表明，债券违约能提高评级机构对于评级的谨慎性，信用评级包含的专有信息可以较好地指代隐性担保信息，但对于债券市场的投资者而言，国企债券违约将降低政府隐性担保的信息含量，影响隐性担保在他们心中降低违约风险的能力。未来债券违约后的处置会逐渐市场化，预期在区域性风险可控的情况下缓慢释放违约风险。基于上述研究结论，本章提出下列建议。

一、打破债券市场的刚性兑付，降低政府的隐性担保，促进信用债的市场化发展

政府常常为国企信用进行强有力的背书，一次次刚性兑付的成功履约也让投资者错误地将国企债券等同于无风险债券。更重要的是，由于缺乏违约事件对评级准确性的检验，评级机构也没有勤勉尽责地调查发行主体、进行合理风险评估的动机。因此，经常出现投资机构争抢政府和国企项目的现象。这导致了债券市场资源不能实现优化配置。真正需要资金发展的中小企业融资成本高企，而轻易获得贷款的国企却没能利用好资金。必须在风险可控的前提下打破刚性兑付，使得风险被真实合理地定价；同时使投资者认识到风险收益的匹配性，对自身的投资决策负责，这才是化解金融风险的市场化方式。

二、完善信用评级制度，提高投资者的风险识别能力

虽然目前信用评级有逐步趋于合理化的趋势，但是债券市场担

保的形式化以及"发行人付费"问题导致信用评级仍然存在失真的现象。一方面，打破"刚性兑付"在一定程度上能够约束评级机构，让其注重市场声誉，减少合谋行为；另一方面，市场也需要推广"投资者付费"的评级模式。此外，由于中国债券市场长时间在"刚性兑付"的制度下运行，投资者对风险回报的认知已经扭曲，追求高回报的同时要求本金的绝对安全。投资者作为资金供给端也需要在政府的引导下强化信用研究能力和对信用风险的独立判断，这样才能保证资金在证券市场上健康流动。

三、加强投资者保护制度，完善债券违约退出制度

在促进金融改革和建设债券市场的过程中，还需要完善投资者保护和债券退出等配套机制。在投资者保护方面，可以借鉴国外市场加速清偿、限制性条款等措施，使不同风险偏好的投资者都能匹配适合的保障条款。在违约处置方面，可以考虑以破产重组为主，展期兑付、清算、债转股等多种处理方式相配合的方法。另外，我国还需要发展信用风险缓释工具，需要进一步加快信用违约互换（Credit Default Swap，CDS）的发展，以满足债券投资人风险对冲的需要。

本章小结

去杠杆是防范化解金融风险的重大举措，中央政府希望打破"刚

性兑付",降低政府隐性担保,形成市场化的债务风险化解方式。本章首先论证打破国企"刚性兑付"的动因,然后采用2014—2017年发行的地方国企信用债数据,进一步检验了债券违约对债券市场的作用机制。实证研究的结果显示:(1)债券违约存在省内的传染效应,违约能降低省内其他国企债券的发行评级;(2)国企债券违约后,信用评级降低债券发行利差的作用下降;(3)隐性担保能显著降低债券发行的利差,随着省内债券违约数额的增加,隐性担保的作用下降。本章的研究结果表明,国企债券违约打破"刚性兑付"不仅有利于强化市场约束,降低政府隐性担保的作用,而且有利于债券市场的长远健康发展。

第七章

银行授信、城投债发行与地方融资平台债务置换

建设地方政府融资平台，在缓解地方财政压力和促进地方经济发展等方面发挥了重要的作用。然而，地方融资平台面临着较为严重的中短期银行贷款依赖（徐忠，2018a），其投资项目周期较长，且大量为地方政府的公益性项目，因而造成了较大的流动性危机。化解这一危机主要应从政策和实务两个方面展开：（1）在政策层面，引导地方融资平台进行市场化转型。2010年,《国务院关于加强地方政府融资平台管理有关问题的通知》（国发〔2010〕19号）出台，要求融资平台不得再为以财政收入为还款来源的纯公益性项目融资，并禁止地方政府以任何资产作为抵押帮助融资平台获取银行贷款。2014年,《国务院关于加强地方政府性债务管理的意见》（国发〔2014〕43号）公布，融资平台被要求不得再举借政府性债务①。（2）在实务层面，推动融资平台的债务置换。一方面，地方融资平台主动发行城投债置换银行贷款；另一方面，随着2015年新预算法体系的实施，地方政府被允许发行债券置换融资平台背负的政府性债务，截至2017年底置换金额已达10.90万亿元。在政策引导和债务置换的共同作用下，地方融资平台逐渐成为商业化运作的市场主体。

银行授信是一种特殊的银企关系，其本质是银行提供贷款承诺的一系列契约，具有一定的监督职能和信号传递作用（Diamond，1984）。对于地方融资平台而言，银行授信不仅仅是获取银行贷款的重要渠道，授信额度发挥的信号效用也深刻影响着平台发行城投债等债务融资行为。与以往的文献不同，本章旨在分析地方融资平台获得的银行授信额度与其发行城投债进行的主动债务置换，以及地方政府发行地方债为融资平台实施的被动债务置换之间的关联。在

---

① 政府性债务是指平台公司为无法产生现金流的纯公益性项目融资而产生的债务，不包含为能够产生现金流的准经营类项目和经营类项目融资而产生的债务。

大力推动财税改革的背景下,本章的研究成果对探索商业银行是否可以通过动态调整授信额度约束平台的债务融资行为具有重要意义。

第一节 文献回顾及研究假设

一、银行授信与地方融资平台的城投债发行

学界探讨银行授信的文献可归纳为三类:(1)分析企业取得银行授信的深层原因。许多学者从企业财务特征的视角分析银行提供授信额度时关注的因素(Martin and Santomers,1997、Agarwal et al.,2004、Sufi,2009和Jimenez et al.,2009)。他们得出的结论比较一致,即具有高成长性、盈利能力较强、规模较大的公司更容易获得银行授信。有学者另辟蹊径,以2004—2009年A股上市公司为样本,挖掘企业政治关联对银行授信获取的影响机制(Luo and Ying,2014)。其研究发现,拥有政治关联对银行为企业提供授信额度有所助益,尤其能够令企业获得大型国有商业银行的授信资源。(2)研究企业获得银行授信后的行为。其中一个很重要的方面是关注企业获得银行授信后是否会进行过度投资。当银行无法对企业使用授信的行为进行充分监督时,发生现金流过度投资的概率会大幅提升(Norden et al.,2010)。罗党论等(2012)则基于中国上市公司的经验数据,将产权性质进一步纳入研究范畴,发现国有企业获得银行授信后会产生较强的过度投资冲动,而在民营企业中表现不明显。应千伟和罗党论(2012)进一步

扩展了研究视野，提出银行授信的获取有改善融资约束和降低投资效率两种对立的机制。其中，代理成本较高的企业过度投资问题更为严重。刘婷和郭丽虹（2015）则在此分析框架下进一步加入财务弹性因素，发现同时具有财务弹性以及高额银行授信的企业更可能发生过度投资行为。（3）探索企业获得银行授信后，影响银行对授信额度动态调整的因素。企业对获得授信时签订契约的违反将使其损失一定的授信额度（Barakova and Parthasarathy，2012）。通过对该领域进行了更为深入的挖掘，证实了企业在违反授信条约后，银行不仅会收回部分授信额度，还会以提高利率、缩短授信期限或修订更为严厉的约束性条款来对企业进行惩罚（Acharya et al.，2017）。

然而，上述文献均没有探究企业获得银行授信对其直接融资成本是否会产生影响。具体而言，以上研究无法回答地方融资平台在发行城投债时，市场除考虑融资平台公开的财务信息外，是否还会因公司获得授信额度的不同给予城投债差异化的评级和定价。事实上，不同的地方融资平台在财务状况和公司治理方面存在较大的异质性（封北麟，2009），且融资平台的信息披露行为仍有待规范（韩鹏飞和胡奕明，2015）。这使得城投债的投资者面临较为严重的信息不对称问题。而银行作为信贷资源的卖方，掌握着充裕的信息流，对融资平台的财务风险和经营风险具有更强的识别与监测能力（黎凯和叶建芳，2007；Demiroglu and James，2011）。因此，较高的授信额度将在很大限度上缓解债券市场投资者与融资平台之间的信息不对称，提振评级机构和市场对城投债的信心。另外，评级机构对发债主体提供的信用评级也会向市场提供增量信息（沈红波和廖冠民，2014），这进一步降低了城投债的发行成本。更为重要的作用机制在于银行授信对企业带来的积极作用，可以归纳为三点：（1）契约中明确规定的贷款利率平抑了企业未来面临的利率波动风险（Sufi，2009）；（2）银行授信为企业提供了一种日常经营活动中的流动性保险（Berrospide et al.，2012；Luo and Ying，2014）；（3）银行授信提升了企业应对突发财务风险的弹性，具有应急流动性保险的性质（James and Kizilaslan，2009；Acharya et al.，2017）。因此，就本质而论，银行提供授信额度属于一种隐性担保行为。本章着眼于不同地方政府融资平台之间的异质性，认为授信额度的提高将有利于城投债的发行。因此，本章提出假设 H1。

假设 H1：在城投债发行的过程中，银行授信将向市场提供增量信息。授信额度越高，城投债的信用评级越高，发行成本就越低。

二、银行授信与地方融资平台债务置换

目前对地方融资平台债务置换的研究仍集中在 2015 年启动的地方政府发行债券以置换融资平台债务的领域，并且以定性研究为主。邱峰（2015）认为，以地方政府债券置换融资平台债务后，整体债务期限被合法延后，地方政府债务危机得到缓解。同时，银行资产端的风险被有效降低。詹向阳和郑艳文（2015）指出，地方政府发行的置换债券的流动性不及一般债券，且收益率低于贷款资产，可能会给银行带来经营绩效的损失。因此，应当引导推动地方政府置换债券的市场化定价，同时，逐步取消对其流动性的限制，这一政策建议得到了殷剑峰等（2015）的呼应。

上述文献未能深入剖析地方融资平台债务置换的动机，也没有进行定量的实证分析。在我国地方政府"土地财政＋平台贷款"的融资

模式下，地方融资平台存在着较为强烈的中短期银行贷款依赖（徐忠，2018a）。而投资项目较长的回收期、较弱的现金流使得融资平台面临着严重的投融资期限错配问题与流动性危机。除此之外，地方融资平台的债务融资行为取决于融资成本的比较，若融资平台能够以更为低廉的融资成本发行城投债进行融资，势必会减轻以往对银行贷款的依赖。因此，缓解流动性危机和降低融资成本的双重目标构成了融资平台进行债务置换的动机。事实上，融资平台可以通过两种平行的渠道置换银行贷款，一种是地方政府将地方融资平台遴选入债务置换计划，使用发行地方债募集的资金对融资平台增资或提供拆借，使得融资平台得以偿还银行贷款；另一种则是地方融资平台发行城投债，以募集资金偿还银行贷款，即一种主动的置换行为①。从主动债务置换的角度，前文已经论述，较高的银行授信额度将提升地方融资平台发行城投债的信用评级，降低其发行成本，这增强了融资平台进行主动债务置换的倾向性。国发〔2010〕19号文出台后，地方政府不得再帮助地方融资平台获得抵押贷款，银行授信成为融资平台获得银行贷款的主要渠道。因此，银行授信额度越高的地方融资平台，其银行贷款的存量会越大，偿债压力与流动性风险也会相应增加，这使得其主动债务置换的倾向进一步加强，且主动债务置换的规模也会扩大。

不容忽视的是，地方融资平台正处于市场化转型的关键时期。早期的地方融资平台有着浓厚的行政色彩，公司的高管往往由政府官员兼任，缺乏市场化经营的意识与动机，而更像是一家拥有公司外壳

---

① 地方融资平台通过发行城投债偿还银行贷款的案例较多，一般会在债券募集资金说明书中详细说明偿还银行贷款的金额，如09京国资债02、12闽高速MTN2、14豫高管MTN001、16津城建MTN006等。

的政府分支机构（韩鹏飞和胡奕明，2015）。因此，即使银行贷款依赖会给融资平台带来较高的融资成本，也没有引起管理层的足够关注。国发〔2010〕19号文和国发〔2014〕43号文是对地方融资平台市场化转型的两次有力推动。融资平台代替地方政府融资的职能逐渐被剥离，并且退出了纯公益性项目的融资与建设。随着融资平台从地方政府的"附庸"转向自负盈亏的市场化主体，其对资产和负债期限的匹配程度更为关注，对融资成本的敏感性也空前提升①。2013年，中共中央组织部发布《关于进一步规范党政领导干部在企业兼职（任职）问题的意见》，要求地方融资平台的管理层不得由官员兼任。越来越多的具有金融市场工作经验的高管逐渐被聘用，融资平台降低融资成本的倾向性变得更强（罗党论和王文睿，2017），有助于缓解投融资期限错配的问题。鉴于将银行贷款置换为城投债后，能够为融资平台带来融资成本降低和资产负债期限匹配性提高的双重积极影响，故而与处于市场化转型初始时期的融资平台相比，处于市场化转型发展时期的融资平台将更为重视银行授信对城投债融资成本的降低作用，从而引致更强烈的主动债务置换动机。综上所述，本章提出假设H2。

假设H2：授信额度越高的地方融资平台，进行主动债务置换的倾向性越强，且置换规模越大。随着融资平台的市场化转型，授信额度对主动债务置换行为的影响逐渐强烈。

国发〔2014〕43号文出台以及2015年最新《中华人民共和国预算法》实施后，地方政府开始发行地方债置换地方融资平台承担的政府

---

① 若地方融资平台发行城投债以偿还银行贷款，其债券募集说明书中一般会说明此举的目的是降低融资成本。例如，17云投MTN003的债券募集说明书中明确指出："募集的资金一方面可提高直接融资的比例，改善融资结构；另一方面降低融资成本，提高盈利能力，增加公司现金管理的灵活性。"

性债务。在实务操作层面，地方政府会根据地方融资平台的负债情况，遴选出迫切需要置换的债务，并以地方债募集资金对地方融资平台增资或拆借，以完成债务置换。前文已经论述，获得授信额度越高的地方融资平台，银行贷款的存量就越大。与此同时，间接融资能力越强的地方融资平台越可能为地方政府的纯公益性项目融资，因而获得授信额度越高的融资平台承担政府性债务的规模也会越大。因此，获得高额银行授信的融资平台面临着更高的流动性风险，且债务性质与地方政府重叠的部分更大，根据国发〔2014〕43号文的要求，地方政府有迫切的需要对其进行债务置换。综上所述，地方政府在遴选时，更可能将获得高额银行授信的地方融资平台所承担的债务纳入其债务置换计划，且置换规模更大。因此，本章提出假设H3。

假设H3：授信额度越高的地方融资平台，地方政府对其实施被动债务置换的规模越大。

第二节 数据及研究设计

一、样本选择与数据来源

本章的研究对象为2006—2017年发行过城投债的所有地方融资平台，根据罗党论和佘国满（2015）对城投债发展阶段的归纳，按照该时间范围选取的样本基本涵盖了城投债市场从起步到日益成熟的完整历程。数据来源为Wind数据库，2006—2017年可提取共计9 502条发债记录，样本的筛选标准如下：（1）合并同时在多个市场挂牌交易的记录①。该类债券在不同的市场被承销时,有着相同的债券期限、债项评级、票面利率和到期收益率,合并是为了避免样本重复值的干扰。(2)删除发债主体财务数据不完整的样本。(3)删除债项信用评级或主体信用评级缺失的样本。经过筛选与整理,本章最终得到3 769个样本。从发债主体地理分布的角度分析,样本包含我国所有省级行政区。发行城投债数量最多的省份为江苏省,共有653个样本,占总样本的比例为17.33%。其次为浙江省,包含301个样本,占比7.99%。样本量较少的省份为青海省、宁夏回族自治区、海南省和西藏自治区,共计34个样本,占比0.90%。债务期限方面,样本的均值为6.20年,期限在5—10年的样本共计3 309个,占比87.80%。本章使用的银行授信数据来源于Wind数据库城投债专题统计中的"历史授信"指标,手工整理了发行城投债前一年年末的授信额度,并除以该年年末的总资产,作为衡量授信额度的核心变量。为了衡量主动债务置换的倾向性和置换规模,本章根据债券募集说明书手工整理了城投债募集资金是否涉及偿还银行贷款以及具体偿还金额等信息。为了避免极端值的干扰,本章对所有连续变量在1%的水平上进行了Winsorization处理,以增强结论的可靠性。

二、模型设定

1.银行授信与城投债发行

首先,本章希望证实银行授信将提升城投债的评级,并降低其发

---

① 城投债能够挂牌的场所有上海证券交易所(后缀为SH)、深圳证券交易所(后缀为SZ)、银行间债券市场(后缀为IB)和银行间柜台交易市场(后缀为BC)。同一个发债主体发行的债券可以在多个场所挂牌交易,以按照债券募集说明书的计划募集资金。

行成本。为此，本章提出如下两个实证模型：

$$RATING_{i,t} = \delta_0 + \delta_1 BC_{i,t-1}/BC\_M_{i,t-1} + \delta_2 CONTROL_s + \varepsilon \quad (7\text{-}1)$$

$$FC\_1_{i,t}/FC\_2_{i,t}/FC\_3_{i,t} = \theta_0 + \theta_1 BC_{i,t-1}/BC\_M_{i,t-1} \\ + \theta_2 CONTROLs + \varepsilon \quad (7\text{-}2)$$

公式（7-1）是为了检验授信额度越高的地方融资平台，是否会在发行城投债时获得更高的信用评级。式中，$RATING_t$ 为城投债的债项评级，评级为 AA− 以下赋值为 1，AA−、AA、AA+ 与 AAA 依次赋值为 2 至 5，在稳健性检验中，将债项评级替换为主体评级作为因变量。为了增强结论的稳健性，本章在运行模型时使用 Ordered-Logit 和 Ordered-Probit 方法分别进行检验。$BC_{i,t-1}$ 为融资平台获得授信额度的连续型衡量指标，等于在发行债券前一年年末获得的授信额度除以该年年末的总资产。$BC\_M_{i,t-1}$ 为授信额度的离散型衡量指标，即超过 BC 中位数的样本赋值为 1，其余赋值为 0。在实际运行该模型时，将上述指标交替代入回归方程进行检验。公式（7-2）是为了验证融资平台获得银行授信的额度越高，城投债的发行成本越低。本章以城投债的信用利差作为其发行成本的度量指标，并参照沈红波与廖冠民（2014）、罗党论和佘国满（2015）、方红星等（2013），选取三个不同的基准利率，即 SHIBOR 利率、银行存款利率和国债到期收益率，并分别计算城投债的信用利差 FC_1_t、FC_2_t 和 FC_3_t，以增强结论的稳健性。同时，在实证分析和稳健性检验中，本章分别使用城投债的到期收益率和票面利率作为信用利差的计算基础。公式（7-1）和公式（7-2）的控制变量为发行债券前一年的总资产的对数值 LNA_{t-1}、资产负债率 $LEVER_{t-1}$、主营业务利润率 $PRATIO_{t-1}$、短期债务占总债务比重 $DRATIO_{t-1}$、货币资金占总债务比重 $CASH_{t-1}$、债券发行规模 $AMOUNT_t$、债券的到期期限 $MATURITY_t$、发债主体所处城市的虚拟变量 CITY、融资平台个体的虚拟变量 PLATFORM，以及发债年份对应的虚拟变量 YEAR。

2. 银行授信与地方融资平台债务置换

在实证分析的第二个环节，本章希望证明授信额度越高的地方融资平台发行城投债以进行主动债务置换和接受地方政府债券以实现被动债务置换的动机越强，置换规模越大。同时，主动债务置换的倾向性在融资平台市场化转型的过程中会逐渐强烈。为此，本章提出如下两个实证模型：

$$PR\_M_{i,t}/PR_{i,t} = \mu_0 + \mu_1 BC_{i,t-1}/BC\_M_{i,t-1} + \mu_2 CONTROLs + \varepsilon \tag{7-3}$$

$$NR\_1_{i,t}/NR\_2_{i,t}/NR\_3_{i,t} = \theta_0 + \theta_1 BC_{i,t-1} + \theta_2 CONTROLs + \varepsilon \tag{7-4}$$

公式（7-3）是为了证明授信额度越高，地方融资平台以城投债募集资金置换银行贷款的倾向性越强，置换规模越大。式中，PR_M_t 为虚拟变量，根据债券募集说明书对募集资金用途的描述，当存在银行贷款的置换行为时，赋值为 1；否则，赋值为 0。PR_t 则为债券募集说明书中明确披露用于偿还银行贷款的金额除以发行债券前一年年末的总资产。当因变量为 PR_M$_t$ 时，分别采用 Logit 和 Probit 方法运行该模型；当因变量替换为 PR$_t$ 时，采用 OLS 方法运行该模型。进一步地，为了证明在融资平台市场化转型的过程中，其主动债务置换的动机逐渐强烈，本章以 2010 年和 2014 年为两个关键的时间节点，将 CR$_t$ 作为因变量，对主动债务置换样本进行分时段检验，以比较授信额度变量系数的显著性和大小关系。公式（7-4）是为了证实银行授信额度的提升会使得地方政府对融资平台实施债务置换的规模增大。此处实证分析存在的难点是，地方政府债券对融资平台银行贷款的置换金额数据难以直接获得。为了解决上述问题，本章将以经总资产调整后的股本与资本公积之和的增量 NR_1$_t$、剔除当年净利润后的净资产增量 NR_2$_t$ 以及在 NR_2$_t$ 的基础上增加长期应付款增量后计算得到的 NR_3$_t$ 作为地方政府债务置换的代理变量。这一变量选取的合理性在于，地方政府作为地方融资平台的控股股东，其置换融资平台银行贷款的实践方式为向发放贷款的商业银行定向发行政府债券，并募集资金以增资或拆借的形式注入融资平台，后者使用此资金偿还银行贷款。考虑到地方政府的债务置换计划于 2015 年开始，本章以 2015 年及以后的样本运行公式（7-4）对应的模型。公式（7-3）、公式（7-4）的控制变量为发行债券前一年的资产负债率 LEVER$_{t-1}$、营业收入增速 ΔREV$_{t-1}$、总资产收益率 ROA$_{t-1}$、总资产的对数值 LNA$_{t-1}$、总资产周转率 ATURN$_{t-1}$、流动比率 CRATIO$_{t-1}$、发债主体所处城市的虚拟变量 CITY、融资平台个体的虚拟变量 PLATFORM 以及发债年份对应的虚拟变量 YEAR。表 7-1 列示了实证模型中主要变量的定义，控制变量的选取主要参考了钟辉勇等（2016）、刘红忠和史霜霜（2017）、沈红波和廖冠民（2014）、罗党论和佘国满（2015）以及 Sufi（2009）。

表 7-1　主要变量定义

	变量	变量定义
关键变量	BC_{t-1}	发行城投债前一年年末经总资产调整后的银行授信额度
	BC_M_{t-1}	表示授信额度高低的二元变量，高于 BC 的中位数赋值为 1，否则，赋值为 0
	$RATING_t$	城投债的债项评级，AA－以下赋值为 1，AA－、AA、AA＋与 AAA 依次赋值为 2 至 5
	FC_1_t	城投债融资成本的第一种度量方法，等于债券的到期收益率平减同年的 SHIBOR 利率
	FC_2_t	城投债融资成本的第二种度量方法，等于债券的到期收益率平减同年期限接近的银行存款利率
	FC_3_t	城投债融资成本的第三种度量方法，等于债券的到期收益率平减同年期限接近的国债到期收益率
	PR_t	主动债务置换程度的衡量指标，等于发行城投债募集资金中用于偿还银行贷款的金额占计划募资金总额的比例
	PR_M_t	主动债务置换的二元变量，若发行城投债募集资金用途中包含偿还银行存款，赋值为 1，否则，赋值为 0
	RBC_{t-1}	剔除公开财务信息后，银行授信额度的残差，用于反映授信额度的增量信息
	NR_1_t	被动债务置换的第一种度量方法，等于经总资产调整后的股本与资本公积之和的增量
	NR_2_t	被动债务置换的第二种度量方法，等于经总资产调整的、剔除当年净利润的净资产增量
	NR_3_t	被动债务置换的第三种度量方法，等于经总资产调整的、剔除当年净利润的净资产增量与经总资产调整的、长期应付款增量之和
控制变量	$AMOUNT_t$	城投债的发行规模
	$MATURITY_t$	城投债到期期限
	$PRATIO_{t-1}$	发行城投债前一年度的主营业务利润率
	$DRATIO_{t-1}$	发行城投债前一年年末流动负债占总负债的比例
	$CASH_{t-1}$	发行城投债前一年年末库存现金占总负债的比例
	$LEVER_{t-1}$	发行城投债前一年年末的资产负债率
	ΔREV_{t-1}	发行城投债前一年度营业收入的增长幅度
	ROA_{t-1}	发行城投债前一年年末的总资产收益率
	LNA_{t-1}	发行城投债前一年年末总资产的对数值

(续表)

变量		变量定义
控制变量	$ATURN_{t-1}$	发行城投债前一年年末的总资产周转率
	$CRATIO_{t-1}$	发行城投债前一年年末的流动比率
	CITY	发债主体所属城市的虚拟变量
	PLATFORM	融资平台个体的虚拟变量
	YEAR	发债年份的虚拟变量

第三节 实证检验结果及分析

一、描述性统计

本章首先考察近年来城投债的发行情况和地方融资平台债务结构的动态演变趋势，并在图7-1和图7-2中进行了列示。由图7-1可知，城投债市场在2006—2010年发展较为缓慢，2011年开始进入快速发展阶段，债务存量和发行主体数量均呈现明显的上升趋势。值得关注的是，2017年度债务存量的增速放缓，且新增发行主体数量也有所回落。这说明城投债市场逐渐达到了新增债务与偿还债务的动态平衡，其发展趋于成熟与稳定。图7-2则直观地显示出，2005—2016年，样本包含的地方融资平台债务结构发生了较大变化①。从银行贷款占总债务比例的角度，2005—2009年均稳定在60%以上，2010年开始迅速下滑，至2016年年末下降至30%左右。

---

① 由于2017年地方融资平台的财务数据未披露，故本章使用2005—2016年的数据以反映趋势。

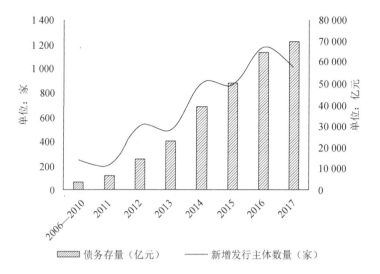

图 7-1 2006—2017 年样本城投债市场

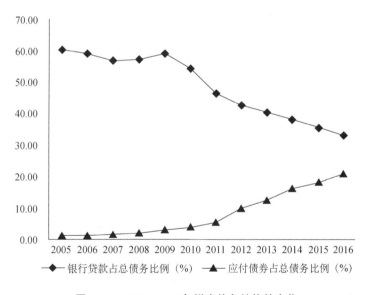

图 7-2 2005—2016 年样本债务结构的变化

对于应付债券占总债务的比例，2005—2009 年增长较为缓慢，均未达到 5%，自 2010 年开始，上升速度明显加快，至 2016 年年末达到

20%左右。上述趋势清晰地体现了地方融资平台的融资渠道从间接融资向直接融资的转换,初步支持了本章对其市场化转型过程中主动债务置换规模逐渐增大的论述。2010年后银行贷款占比大幅下降的制度原因,主要是国发〔2010〕19号文切断了融资平台以政府资产进行抵押贷款的渠道。直至2016年,银行贷款占比仍大于应付债券占比,这表明地方融资平台仍存在其他获得银行信贷的渠道,本章将进一步验证银行授信是否在其中扮演了重要的角色。

表7-2列示了本章主要变量的描述性统计结果。由BC的均值可知,在发行城投债前一年年末,样本的银行授信额度占总资产比例的均值达到28.87%,最大值约为总资产的1.5倍,最小值为0。考虑到该历史授信数据是已使用授信和未使用授信之和,该变量的描述性统计特征基本符合地方融资平台的实际情况。$RATING_t$的均值大于3,说明城投债的平均债项评级和主体评级均在AA以上。PR_M_t的均值反映出,有35.63%的地方融资平台发行城投债的募集资金用途中含有偿还银行贷款的计划,进一步说明主动债务置换行为是较为普遍的。由变量的标准差可知,样本的变量值之间存在一定的差异,可以进一步进行回归分析。

表7-2 主要变量的描述性统计

变量及指标	平均值	中位数	标准差	最大值	最小值
BC_{t-1}	0.289	0.170	0.352	1.580	0.000
BC_M_{t-1}	0.304	0.000	0.460	1.000	0.000
$RATING_t$	3.546	3.000	0.835	5.000	1.000
FC_1_t	1.466	1.647	1.689	4.408	−4.771
FC_2_t	1.065	1.293	1.861	5.076	−4.925
FC_3_t	2.169	2.334	1.680	5.114	−3.736

(续表)

变量及指标	平均值	中位数	标准差	最大值	最小值
PR_t	0.292	0.000	0.425	1.000	0.000
PR_M_t	0.356	0.000	0.479	1.000	0.000
NR_1_t	0.070	0.070	0.070	0.070	0.070
NR_2_t	0.095	0.095	0.095	0.095	0.095
NR_3_t	0.103	0.104	0.104	0.104	0.104
$PRATIO_{t-1}$	0.260	0.260	0.260	0.260	0.260
$DRATIO_{t-1}$	0.445	0.445	0.445	0.445	0.445
$CASH_{t-1}$	0.183	0.183	0.183	0.183	0.183
$LEVER_{t-1}$	0.488	0.498	0.171	0.838	0.097
ΔREV_{t-1}	0.056	0.092	0.409	0.909	−1.890
ROA_{t-1}	0.027	0.023	0.018	0.104	0.001
LNA_{t-1}	14.479	14.343	0.987	17.187	12.617
$ATURN_{t-1}$	0.118	0.074	0.151	1.018	0.007
$CRATIO_{t-1}$	4.541	2.875	5.121	32.374	0.437

注：对所有连续变量在1%的水平上进行了Winsorization的处理，以消除样本极端值的影响。

二、银行授信与城投债发行

在这一部分，本章考察的重点在于银行授信对城投债信用评级与发行利率的影响机制。首先以城投债的债项评级 $RATING_t$ 为因变量，代入公式（7-1）表示的模型中进行回归，结果列示于表7-3。由回归结果的第（1）列和第（2）列可知，使用Ordered-Logit方法回归时，BC_{t-1} 的系数为0.776，BC_M_{t-1} 的系数分别为0.472，均在1%的水平上显著。第(3)列、第(4)列列示了使用 Ordered-Probit 方法对模型进行回归的结果，BC_{t-1} 的系数为 0.413，BC_M_{t-1} 的系数为 0.25，也均在 1% 的水平上显著。可见，两种计量方法得到的回归结果基本一致。因此，本章具有稳健性地证实了，授信额度越高的地方融资平台在发行城投债时可以获得更高的债项评级。

表 7-3 授信额度与城投债信用评级

变量及指标	Ordered-Logit 模型		Ordered-Probit 模型	
	$RATING_t$	$RATING_t$	$RATING_t$	$RATING_t$
BC_{t-1}	0.776***		0.413***	
	(0.137)		(0.081)	
BC_M_{t-1}		0.472***		0.254***
		(0.092)		(0.053)
LNA_{t-1}	0.922***	0.945***	0.486***	0.499***
	(0.070)	(0.069)	(0.038)	(0.038)
$LEVER_{t-1}$	−0.103	0.013	0.032	0.092
	(0.297)	(0.293)	(0.166)	(0.163)
$PRATIO_{t-1}$	0.009	0.000	−0.020	−0.019
	(0.197)	(0.196)	(0.111)	(0.110)
$DRATIO_{t-1}$	0.774***	0.770***	0.417***	0.417***
	(0.202)	(0.201)	(0.113)	(0.112)
$CASH_{t-1}$	1.071***	1.124***	0.593***	0.625***
	(0.325)	(0.322)	(0.178)	(0.177)
$AMOUNT_t$	0.043***	0.042***	0.025***	0.024***
	(0.006)	(0.007)	(0.004)	(0.004)
$MATURITY_t$	0.352***	0.345***	0.220***	0.219***
	(0.036)	(0.035)	(0.019)	(0.018)
CITY	控制	控制	控制	控制

(续表)

变量及指标	Ordered-Logit 模型		Ordered-Probit 模型	
	$RATING_t$	$RATING_t$	$RATING_t$	$RATING_t$
PLATFORM	控制	控制	控制	控制
YEAR	控制	控制	控制	控制
$Pseudo.R^2$	0.255	0.253	0.254	0.253
观测数量	3 769	3 769	3 769	3 769

注：括号内为稳健标准误，聚类到地方融资平台个体层面；＊、＊＊、＊＊＊分别表示在10%、5%、1%水平上显著。

进一步，本章分析银行授信额度的提升是否能够降低城投债的发行成本。将以城投债到期收益率为基准计算的 FC_1_t、FC_2_t 和 FC_3_t 代入公式（7-2）对应的模型中，回归结果列示于表7-4。由第（1）、（3）、（5）列可知，BC_{t-1} 对 FC_1_t、FC_2_t 和 FC_3_t 的影响系数分别为-0.173、-0.161和-0.141，分别在1%、5%和5%的水平上显著。由第（2）、（4）、（6）列可知，BC_M_{t-1} 对 FC_1_t、FC_2_t 和 FC_3_t 的影响系数分别为-0.076、-0.080和-0.096，分别在5%、10%和5%的水平上显著。上述回归结果表明，在控制一系列公开的财务信息和地方融资平台特征变量后，授信额度为市场对城投债定价提供了增量信息。授信额度越高的融资平台，能够以更低的成本发行城投债以融资。至此，本章提出的假设H1得到了经验数据的支持。

表7-4 授信额度与城投债融资成本

变量及指标	FC_1_t		FC_2_t		FC_3_t	
	（1）	（2）	（3）	（4）	（5）	（6）
BC_{t-1}	-0.173＊＊＊		-0.161＊＊		-0.141＊＊	
	(0.057)		(0.067)		(0.058)	
BC_M_{t-1}		-0.076＊＊		-0.080＊		-0.096＊＊
		(0.040)		(0.047)		(0.042)

（续表）

变量及指标	FC_1$_t$		FC_2$_t$		FC_3$_t$	
	（1）	（2）	（3）	（4）	（5）	（6）
LNA$_{t-1}$	−0.143***	−0.152***	−0.123***	−0.130***	−0.118***	−0.126***
	（0.026）	（0.026）	（0.030）	（0.030）	（0.027）	（0.026）
LEVER$_{t-1}$	−0.290**	−0.338***	−0.417***	−0.455***	−0.239**	−0.276**
	（0.119）	（0.119）	（0.134）	（0.134）	（0.122）	（0.122）
PRATIO$_{t-1}$	−0.065	−0.067	0.030	0.029	−0.032	−0.033
	（0.088）	（0.088）	（0.100）	（0.100）	（0.090）	（0.090）
DRATIO$_{t-1}$	0.080	0.085	0.058	0.061	0.053	0.056
	（0.087）	（0.087）	（0.096）	（0.096）	（0.088）	（0.088）
CASH$_{t-1}$	−0.552***	−0.571***	−0.651***	−0.666***	−0.566***	−0.580***
	（0.137）	（0.137）	（0.156）	（0.156）	（0.139）	（0.139）
AMOUNT$_t$	−0.005*	−0.004*	−0.007**	−0.007*	−0.008**	−0.008**
	（0.003）	（0.003）	（0.004）	（0.004）	（0.003）	（0.003）
MATURITY$_t$	−0.012	−0.011	−0.246***	−0.245***	−0.078***	−0.077***
	（0.009）	（0.009）	（0.017）	（0.017）	（0.010）	（0.010）
CONSTANT	3.487***	3.592***	5.508***	5.599***	3.118***	3.201***
	（0.407）	（0.403）	（0.541）	（0.538）	（0.419）	（0.416）
CITY	控制	控制	控制	控制	控制	控制
PLATFORM	控制	控制	控制	控制	控制	控制
YEAR	控制	控制	控制	控制	控制	控制
Adj.R^2	0.427	0.425	0.625	0.624	0.514	0.513
观测数量	3 589	3 589	3 589	3 589	3 589	3 589

注：括号内为稳健标准误，聚类到地方融资平台个体层面；*、**、*** 分别表示在 10%、5%、1% 水平上显著。

三、银行授信与地方融资平台债务置换

在实证研究的第二个环节,本章将研究的重心放置在银行授信与地方融资平台债务置换的关联上面。首先,本章考察融资平台主动债务置换的行为。表 7-5 列示了对公式(7-3)进行回归的结果。从回归结果的第(1)列至第(4)列可以看到,Logit 模型估计方法下 BC_{t-1} 和 BC_M_{t-1} 对 PR_M_t 的影响系数分别为 1.271 和 0.835,均在 1% 的水平上显著。Probit 模型估计方法下,BC 和 BC_M 对 PR_M_t 的影响系数变为 0.738 和 0.505,也均在 1% 的水平上显著。上述实证结果表明,地方融资平台获得的授信额度越高,其利用发行城投债募集资金进行主动债务置换的倾向性越强。回归结果的第(5)列、第(6)列列示了以 PR_t 为因变量的 OLS 回归结果。BC_{t-1} 的系数为 0.221,BC_M_{t-1} 的系数为 0.168,均在 1% 的水平上显著。上述结果有力地证明,授信额度越高的地方融资平台使用城投债进行主动债务置换的规模越大。

表 7-5 授信额度与主动债务置换

变量及指标	Logit 模型		Probit 模型		OLS 模型	
	PR_M_t	PR_M_t	PR_M_t	PR_M_t	PR_t	PR_t
BC_{t-1}	1.271***		0.738***		0.221***	
	(0.165)		(0.092)		(0.026)	
BC_M_{t-1}		0.835***		0.505***		0.168***
		(0.099)		(0.060)		(0.018)
$LEVER_{t-1}$	2.234***	2.326***	1.372***	1.399***	0.342***	0.339***
	(0.427)	(0.423)	(0.243)	(0.242)	(0.055)	(0.054)

（续表）

变量及指标	Logit 模型		Probit 模型		OLS 模型	
	PR_M_t	PR_M_t	PR_M_t	PR_M_t	PR_t	PR_t
ΔREV_{t-1}	0.135	0.151	0.069	0.079	0.025**	0.028**
	(0.106)	(0.104)	(0.063)	(0.063)	(0.012)	(0.012)
ROA_{t-1}	3.536	3.905	2.131	2.373	0.532	0.570
	(3.040)	(3.030)	(1.734)	(1.729)	(0.413)	(0.409)
LNA_{t-1}	0.457***	0.483***	0.267***	0.283***	0.083***	0.086***
	(0.066)	(0.065)	(0.038)	(0.038)	(0.010)	(0.010)
$ATURN_{t-1}$	0.647	0.819**	0.357	0.462**	−0.006	0.026
	(0.409)	(0.392)	(0.227)	(0.218)	(0.065)	(0.062)
$CRATIO_{t-1}$	−0.102***	−0.102***	−0.052***	−0.052***	−0.006***	−0.006***
	(0.025)	(0.025)	(0.013)	(0.013)	(0.001)	(0.001)
CONSTANT	−8.063***	−8.417***	−4.784***	−4.990***	−1.432***	−1.498***
	(0.951)	(0.948)	(0.540)	(0.537)	(0.158)	(0.157)
CITY	控制	控制	控制	控制	控制	控制
PLATFORM	控制	控制	控制	控制	控制	控制
YEAR	控制	控制	控制	控制	控制	控制
Adj.R^2	0.374	0.372	0.452	0.449	0.508	0.510
观测数量	3 749	3 749	3 589	3 589	3 589	3 589

注：括号内为稳健标准误，聚类到地方融资平台个体层面；*、**、*** 分别表示在 10%、5%、1% 水平上显著。

本章在对主动债务置换的实证分析中加入地方融资平台市场化转型的因素。按照 2010 年和 2014 年两个关键的时点，将样本分为 2006—2010 年、2011—2014 年以及 2015—2017 年三组，使用 BC_{t-1} 和 BC_M_{t-1} 对 PR_t 进行分组回归，结果列示于表 7-6。回归结果显示，BC_{t-1} 在三组中的系数依次为 0.070、0.190 和 0.230，体现出逐渐增加的趋势，显著性也逐渐增强。BC_M_{t-1} 的系数依次为 0.045、0.148 和

0.172，系数值及其显著程度同样逐渐增大。总体而言，以上发现具有稳健性地表明，随着地方融资平台的市场化转型，主动债务置换行为对授信额度的敏感性增强，即融资平台自主调节融资结构、降低融资成本的动机日益强烈。

表 7-6　转型视角下授信额度与主动债务置换关系的进一步检验

变量及指标	2006—2010 年		2011—2014 年		2015—2017 年	
	PR_t	PR_t	PR_t	PR_t	PR_t	PR_t
BC_{t-1}	0.070**		0.190***		0.230***	
	(0.032)		(0.033)		(0.035)	
BC_M_{t-1}		0.045		0.148***		0.172***
		(0.027)		(0.026)		(0.024)
$LEVER_{t-1}$	−0.128	−0.118	0.183***	0.173***	0.529***	0.532***
	(0.081)	(0.083)	(0.060)	(0.060)	(0.085)	(0.084)
ΔREV_{t-1}	−0.045**	−0.045**	0.011	0.012	0.052**	0.057**
	(0.019)	(0.020)	(0.013)	(0.013)	(0.023)	(0.022)
ROA_{t-1}	−0.630	−0.664	0.766	0.804*	−0.063	−0.012
	(0.403)	(0.408)	(0.481)	(0.479)	(0.675)	(0.668)
LNA_{t-1}	−0.013	−0.009	0.077***	0.081***	0.085***	0.089***
	(0.014)	(0.013)	(0.013)	(0.013)	(0.013)	(0.013)
$ATURN_{t-1}$	0.357*	0.345*	0.099	0.124	−0.078	−0.043
	(0.185)	(0.181)	(0.082)	(0.079)	(0.080)	(0.077)
$CRATIO_{t-1}$	−0.001	−0.001	−0.003***	−0.003***	−0.007***	−0.008***
	(0.001)	(0.001)	(0.001)	(0.001)	(0.002)	(0.002)
CONSTANT	0.177	0.120	−0.000	−0.000	−1.181	−1.221
	(0.204)	(0.197)	(0.000)	(0.000)	(0.185)	(0.179)
CITY	控制	控制	控制	控制	控制	控制
PLATFORM	控制	控制	控制	控制	控制	控制

(续表)

变量及指标	2006—2010 年		2011—2014 年		2015—2017 年	
	PR_t	PR_t	PR_t	PR_t	PR_t	PR_t
YEAR	控制	控制	控制	控制	控制	控制
Adj.R^2	0.358	0.324	0.446	0.448	0.456	0.460
观测数量	80	80	1 591	1 591	2 098	2 098

注：括号内为稳健标准误，聚类到地方融资平台个体层面；*、**、*** 分别表示在 10％、5％、1％水平上显著。

接下来，本章将视角切换到银行授信与地方政府对融资平台实施债务置换的关系探究。表 7-7 列示了对公式（7-4）表示模型进行回归的结果。可以看到，以被动债务置换三种度量方法为代理变量的模型中，BC_{t-1} 的系数分别为 0.019、0.030 和 0.030，均在 1％的水平上显著。BC_M_{t-1} 的系数分别为 0.008、0.014 和 0.014，均在 5％的水平上显著。上述结果具有稳健性地证明，对于获得银行授信越高的地方融资平台，地方政府发行地方债对其进行债务置换的规模越大。

表 7-7　授信额度与被动债务置换

变量及指标	NR_1_t	NR_1_t	NR_2_t	NR_2_t	NR_3_t	NR_3_t
BC_{t-1}	0.019***		0.030***		0.030***	
	(0.008)		(0.009)		(0.009)	
BC_M_{t-1}		0.008**		0.014**		0.014**
		(0.004)		(0.006)		(0.007)
$LEVER_{t-1}$	−0.078***	−0.073***	−0.078***	−0.071***	−0.098***	−0.091***
	(0.026)	(0.025)	(0.027)	(0.027)	(0.029)	(0.029)
ΔREV_{t-1}	0.009	0.009	0.011	0.012	0.007	0.008
	(0.007)	(0.006)	(0.007)	(0.007)	(0.008)	(0.008)
ROA_{t-1}	0.116	0.133	0.645***	0.668***	0.524***	0.547***
	(0.157)	(0.157)	(0.169)	(0.168)	(0.184)	(0.183)

(续表)

变量及指标	NR_1_t	NR_1_t	NR_2_t	NR_2_t	NR_3_t	NR_3_t
LNA_{t-1}	−0.018***	−0.017***	−0.019***	−0.018***	−0.020***	−0.019***
	(0.003)	(0.003)	(0.003)	(0.003)	(0.003)	(0.003)
$ATURN_{t-1}$	−0.041***	−0.037***	−0.015	−0.008	−0.019	−0.013
	(0.012)	(0.012)	(0.016)	(0.017)	(0.017)	(0.018)
$CRATIO_{t-1}$	0.000	0.000	0.000	0.000	0.000	0.000
	(0.001)	(0.001)	(0.001)	(0.001)	(0.001)	(0.001)
CONSTANT	0.360***	0.365**	0.379***	0.359***	0.424***	0.404***
	(0.043)	(0.043)	(0.047)	(0.046)	(0.051)	(0.050)
CITY	控制	控制	控制	控制	控制	控制
PLATFORM	控制	控制	控制	控制	控制	控制
YEAR	控制	控制	控制	控制	控制	控制
$Adj.R^2$	0.273	0.271	0.276	0.273	0.279	0.275
观测数量	2 098	2 098	2 098	2 098	2 098	2 098

注：括号内为稳健标准误，聚类到地方融资平台个体层面；*、**、*** 分别表示在10%、5%、1%水平上显著。

四、稳健性分析

本章从五个方面进行了稳健性分析。

第一，本章将城投债的信用评级指标更换为发行债券时地方融资平台的主体评级，并将融资成本的计算基准替换为城投债的票面利率。实证结果显示，本章的基本结论不变，即地方融资平台获得授信额度越高，其发行城投债的信用评级越高，发行成本越低。

第二，为了更为清晰地证明银行授信在城投债发行过程中向评级机构及市场提供了增量信息，本章参照沈红波和廖冠民（2014），使用两阶段的方式进行实证检验。在第一阶段，本章将 BC_{t-1} 对资产负债率、营业收入增速、总资产收益率、总资产的对数值、总资产周转率和流动比率进行 OLS 回归，将残差定义为 RBC_{t-1}。在第二阶段，将城投债的信用评级与融资成本对 RBC_{t-1} 进行回归。实证结果表明，在剔除了授信额度中公开的财务信息后，为评级机构和债券市场投资者提供了进一步的增量信息，从而提升了城投债的信用评级，并降低了其发行成本，这与本章的结论基本一致。

第三，考虑到城投债在不同省份间的发行数量并不均匀，为了保证结论的稳健性，本章参考以往研究（Gao and Qi, 2013；罗党论和佘国满，2015），将公式（7-2）对应模型的估计方法由 OLS 方法替换为以不同省份发行城投债频率为权重的 WLS 方法，估计结果以上文保持一致。

第四，考虑银行授信可能带来的内生性问题。由于城投债的信用评级与发行成本与地方融资平台的财务状况密切相关，而后者又会影响到银行授信的获得。虽然本章在公式（7-1）、公式（7-2）中加入了反映个体财务状况的控制变量，但仍可能因不可观测的因素导致内生性问题。为此，本章参考张璇等（2017），采用倾向评分匹配法（PSM）弱化该内生性问题。具体而言，以获得较高银行授信（BC_M_{t-1} 取值为 1）的地方融资平台作为实验组，以授信额度较低（BC_M_{t-1} 取值为 0）的融资平台作为控制组，以总资产的对数值、资产负债率、主营业务利润率、流动负债占总负债的比率、货币资金占总负债的比率、发行债券规模、发行债券期限为混淆变量，使用 Logit 模型计算倾向得分，并基于最邻近方法进行匹配。匹配后的平衡性检验结果显示，实验组与控制组之间各混淆变量的差异均不再显著。换言之，在匹配后的样本中，财务状况已不存在显著差异。进一步，以匹配后的样本运行公式(7-1)、(7-2)对应的模型,结果列示于表7-8的Panel A和Panel B。可以看到,授信额度的提升仍然能够提高城投债的信用评级,降低发行成本。因此,在控制内生性的影响后,本章结论依然稳健。

表7-8 内生性控制:PSM分析

变量及指标	Panel A：授信额度与信用评级			
	Ordered-Logit 模型		Ordered-Probit 模型	
	$RATING_t$	$RATING_t$	$RATING_t$	$RATING_t$
BC_{t-1}	0.774***		0.410***	
	(0.167)		(0.095)	
BC_M_{t-1}		0.469***		0.253***
		(0.110)		(0.062)
CONTROLs	控制	控制	控制	控制
CITY	控制	控制	控制	控制
PLATFORM	控制	控制	控制	控制
YEAR	控制	控制	控制	控制
Pseudo.R^2	0.299	0.296	0.295	0.292
观测数量	1 807	1 807	1 807	1 807

变量及指标	Panel B：授信额度与融资成本					
	FC_1_t		FC_2_t		FC_3_t	
	(1)	(2)	(3)	(4)	(5)	(6)
BC_{t-1}	-0.133**		-0.148*		-0.173**	
	(0.064)		(0.079)		(0.070)	
BC_M_{t-1}		-0.091*		-0.087*		-0.079*
		(0.051)		(0.049)		(0.045)
CONTROLs	控制	控制	控制	控制	控制	控制
CITY	控制	控制	控制	控制	控制	控制
PLATFORM	控制	控制	控制	控制	控制	控制

(续表)

变量及指标	Panel B：授信额度与融资成本					
	FC_1_t		FC_2_t		FC_3_t	
	（1）	（2）	（3）	（4）	（5）	（6）
YEAR	控制	控制	控制	控制	控制	控制
Adj.R^2	0.498	0.485	0.631	0.633	0.537	0.535
观测数量	1 759	1 759	1 759	1 759	1 759	1 759

注：括号内为稳健标准误，聚类到地方融资平台个体层面；*、**、*** 分别表示在10%、5%、1%水平上显著。

第五，考虑到银行贷款到期后还存在展期的可能，而主动债务置换是基于融资成本比较后的决策，因此，需要进一步检验高额的银行授信是否使得城投债的发行成本降到银行贷款利率以下。本章将样本的发行城投债的票面利率减去发债年份中长期银行贷款的基准利率[①]，并对这一差值进行分组检验，结果列示在表7-9。可以看到，高银行授信组城投债票面利率与银行贷款利率之差为－0.077%，在1%的水平上显著小于0。低银行授信组该项差值为0.178%，同样在1%的水平上显著大于0。两组均值之差为－0.225%，中位数之差为－0.248%，均在1%的水平上显著。由此可见，高银行授信组发行城投债将获得比贷款展期更为低廉的融资成本，从而引致其主动债务置换行为。

表7-9 城投债票面利率与银行贷款利率之差的分组比较

考察指标	高银行授信组	低银行授信组	两组之差
平均数（%）	－0.077	0.178	－0.225
t值	－2.396***	5.864***	－5.725***
中位数（%）	－0.128	0.120	－0.248
卡方值	—	—	11.500***

注：*、**、*** 分别表示在10%、5%、1%水平上显著。

---

① 由于贷款基准利率也属于账面利率，应当与城投债的票面利率进行比较。

进一步地，本章以中短期银行贷款利率为平减项，分别以城投债到期收益率和票面利率为基准计算得到两组信用利差，记为 FC_B4_t 和 FC_B4_t，并代入公式（7-2）对应的模型中。表 7-10 列示了回归结果，可以看到，在不同的估计方法下，银行授信越高，城投债的融资成本都得到了显著的降低，与上文结论保持一致。

表 7-10 将信用利差的基准替换为贷款利率

变量及指标	Panel A：以到期收益率衡量融资成本					
	OLS 估计		PSM 分析		WLS 估计	
	FC_4_t	FC_4_t	FC_4_t	FC_4_t	FC_4_t	FC_4_t
BC_{t-1}	−0.279***		−0.184***		−0.278**	
	(0.056)		(0.066)		(0.094)	
BC_M_{t-1}		−0.079**		−0.089*		−0.181**
		(0.040)		(0.049)		(0.079)
CITY	控制	控制	控制	控制	控制	控制
PLATFORM	控制	控制	控制	控制	控制	控制
YEAR	控制	控制	控制	控制	控制	控制
Adj.R^2	0.438	0.437	0.540	0.535	0.424	0.422
观测数量	3 589	3 589	1 759	1 759	3 589	3 589
变量及指标	Panel B：以票面利率衡量融资成本					
	OLS 估计		PSM 分析		WLS 估计	
	FC_B4_t	FC_B4_t	FC_B4_t	FC_B4_t	FC_B4_t	FC_B4_t
BC_{t-1}	−0.233***		−0.161**		−0.352***	
	(0.057)		(0.067)		(0.091)	
BC_M_{t-1}		−0.123**		−0.113*		−0.232***
		(0.040)		(0.051)		(0.042)
CITY	控制	控制	控制	控制	控制	控制
PLATFORM	控制	控制	控制	控制	控制	控制

(续表)

变量及指标	Panel B：以票面利率衡量融资成本					
	OLS 估计		PSM 分析		WLS 估计	
	FC_B4$_t$	FC_B4$_t$	FC_B4$_t$	FC_B4$_t$	FC_B4$_t$	FC_B4$_t$
YEAR	控制	控制	控制	控制	控制	控制
Adj.R^2	0.535	0.532	0.551	0.548	0.516	0.511
观测数量	1 755	1 755	1 091	1 091	1 755	1 755

注：括号内为稳健标准误，聚类到地方融资平台个体层面；*、**、*** 分别表示在 10%、5%、1%水平上显著。

第四节 研究结论及政策建议

本章探讨并实证检验了银行授信对地方融资平台市场化转型及债务置换、资金接续等方面的影响，得出了一系列有意义的结论：银行授信有利于城投债的发行，为评级机构及债券投资者带来增量信息，从而提升城投债的信用评级，并降低其发行成本；获得授信额度越高的地方融资平台发行城投债进行主动债务置换，同时地方政府对融资平台实施被动债务置换的规模也会更大。

基于上述结论，商业银行应当对地方融资平台获得的授信额度进行动态调整。对于盈利能力与偿债能力均较弱的融资平台，应下调其授信额度，增加其城投债的融资成本，约束过度债务融资的情形。另外，应当对融资平台做到"疏堵结合"，在约束债务融资的同时，增强其盈利能力。在剥离地方融资平台为公益性项目融资与建设的功能后，应引导其参与经营性项目及准经营性项目的建设。不宜将转型中的地方融资平台等同于一般的国有企业，而应充分发挥其在城市基础设施建设中的经验与优势，同时，进一步挖掘地方融资平台中优质国有资产的潜在价值，将静态的资产切实转变为收益与现金流。

更为重要的是，为了增强以商业银行为代表的金融机构对地方融资平台的监督与约束，应当加快推进财税改革。首先，要提高地方政府和地方融资平台财务信息的透明度与真实性，缓解金融机构面临的信息不对称问题，提升其对贷款对象风险甄别的准确度。其次，要对地方政府的举债行为建立"硬约束"机制，打破其债务的刚性兑付，从根源上去除地方政府对融资平台提供的隐性担保，还原金融市场对地方融资平台融资成本的合理定价。只有财税改革落实到位，才能从源头上治理地方政府债务风险，真正实现地方融资平台的市场化转型。

本章小结

防范化解地方政府债务风险，引导地方融资平台进行市场化转型，是近年来中央经济工作会议关注的一项核心内容。为了降低地方融资平台的银行贷款比例，主要存在两种债务置换途径：一是融资平台发行城投债进行主动债务置换，二是地方政府发行地方债为融资平台实施被动债务置换。本章剖析了地方融资平台获得银行授信额度与两种债务置换行为的关系。研究发现：(1)在融资平台发行城投债的过程中，银行授信向债券市场提供了增量信息，更高的授信额度将显著提升城投债的信用评级，降低发行成本。(2)获得授信额度越高的融资平台，主动债务置换的倾向越强，置换规模越大。随着融资平台的市场化转型,授信额度对主动债务置换行为的影响逐渐强烈。(3)获得授信额度越高的融资平台承担的政府性债务越多,地方政府对平台实施被动债务置换的规模越大。本章的政策建议在于,商业银行应动态调节融资平台的授信额度,以规范其债务融资行为,推动其提高自身盈利能力。更为重要的是,应加快推进财税改革,提高金融机构监督与约束的能力。

第八章

GDP 挂钩债券与地方政府债务风险防范

金融发展与经济增长是相互制约和相互促进的。为了维持金融秩序的稳定，发展中国家偏向对金融体系进行政府干预。然而，政府对金融的过多干预可能会导致金融抑制，从而阻碍经济的发展和资金的有效配置。目前，我国政府逐渐意识到金融发展的重要性。经国务院批准，中国人民银行决定于2013年7月20日全面放开金融机构贷款利率管制。利率市场化对我国的商业银行将会造成巨大的冲击，导致净息差收窄，加剧银行间的竞争，迫使商业银行加快金融创新。在市场化环境下，结构性金融产品成为商业银行目前大力推进的业务之一。结构性金融产品是一种将固定收益证券与衍生品相结合的新型金融产品，国际市场上成熟的结构性金融产品主要体现为存款、债券、寿险保单、担保、股票和基金等形式，又按照其衍生交易部分标的资产的不同构造出更多灵活多样的产品。

　　GDP挂钩债券是目前正在兴起的一种新型结构性金融产品。GDP挂钩指数债券包括利率指数化和本金指数化。本金指数化是指利率不变而本金随GDP指数调整变化，在利息支付日根据调整后的本金和固定的票面利率计算利息。若最后一年计算的本金小于发行时确定的原始面值，就以面值偿还。利率指数化是指本金不变而利率随GDP指数变动，其票面利息构成包括固定不变的利率和GDP增长率两部分。利率指数化债券的票面利率会随着GDP变动而变动，若GDP的增长率为负，则相应抵扣固定利率部分，抵至零后不再继续抵扣。利率指数化债券最后一年支付的本金为原始发行时的面值。因此，与GDP挂钩的债券的还款金额会根据GDP的增减而增减。也就是说，如果GDP数据增长，还款额就增加；如果GDP数据下降，还款额就减少。

　　对于中国这样的新兴经济体而言，与GDP增速相挂钩的浮动利息债券是一种既有利于政府又可以使投资者享有与 GDP 增速相匹配的收益的金融产品。GDP 挂钩债券最重要的作用在于它可以防范主权债务风险和地方债务风险。从防范主权债务风险来看，当国家对外借债时，如果国内经济发展速度放缓，GDP 下降，国家对外偿还债务的压力就会增大，很可能因为无力偿还债务而引发主权债务危机。与 GDP 挂钩的债券可以让国家在经济情况恶化的时候支付较少的款项，能够有效地缓解债务压力，起到防范主权债务风险的作用。对于防范地方债务风险而言，地方政府可以自行发债，而不用由财政部或者央行统一发行。这样，各地政府就可以根据自身的经济发展状况和 GDP 变动来偿还债务。当地方经济状况下降时，地方政府可以减少债务的偿还量，从而降低地方债务风险。目前市场上较多的是与通货膨胀挂钩的债券，这一形式的产品虽然也可以防范主权债务风险，但由于其是由财政部或者央行统一发行，是以全国的通胀水平为基准，并没有考虑到各地的不同情况，所以，其对于防范地方债务风险用处不大。

对于这种新型融资工具的研究，主要经历了两个阶段：第一个阶段是有学者（Baliely，1983）提出可以将债务利息按照 GDP 进行指数化，不过他们主要停留在提议的阶段。第二阶段是 20 世纪 90 年代以来，新兴市场国家发生了债务危机和经济危机，有学者对与 GDP 增速相挂钩债券进行了深入的研究，如果发行与 GDP 增速相挂钩的债券的国家的 GDP 增速与投资者所在国的 GDP 增速负相关或者是低度正相关，投资者往往会选择投资与 GDP 增速相挂钩的债券，这样可以充分分享发行国的高速经济增长（Schroder，2004）。除了定性分析之外，对于该种新型融资工具的定价模型也是学者们研究的重点。债务人在偿债期内每次债息支付期应向债权人支付的利率由 GDP 实际增长率和预期未来 GDP 的平均增长率决定（Borenzstein，2004）。与 GDP 挂钩的债券的定价并不比为普通债券定价难，以普通债券的价格信息为基础，建立了模型对与 GDP 增速相挂钩债券进行了定价（Chamon，2005）。克鲁泽假定风险中立并且市场是完全有效的，他使用对数正态分布 GDP 和利率常量建立了一个单因素模型为债券定价，但他忽视了违约和汇率贬值的可能性（Kruse，2005）。在国内，对于该融资工具的研究尚不成熟，但已有学者认识到该工具对于地方政府融资有着重要意义。王倩（2009）认为，发行与 GDP 相匹配的浮动利率国债具有政府动态调整融资成本、政策效应以及有利于投资者分享国民经济长期增长成果这两大特点。本章将就 GDP 挂钩债券与地方的债务风险问题展开讨论。

第一节　地方政府过度债务风险的宏观后果

地方政府投融资平台在推动城市化进程、促进区域经济增长、拓展地方融资渠道方面发挥了十分重要的作用。

虽然地方债务的扩大在一定程度上为当地经济发展提供了巨大的资金支持，但是，在这繁荣背后隐藏着的巨大危机可能会对宏观经济造成不小的冲击。

（1）对经济的影响。虽然举债可以增加政府财政收入，从而为基础设施建设、公共产品和服务提供资金，但是过度举债却大大加大了未来的财政支出和债务负担。如果地方政府的债务危机爆发，势必会影响基础设施建设，还会影响到文化、教育、医疗、养老等各种公共服务。另外，政府的债务包括显性债务和隐形债务两部分。短期看，当地经济或许未必会出现资金链断裂的情况，但如果隐性债务显性化，就必然给当地政府带来巨大的偿债负担，对于当地群众的基础生活和社会建设有巨大影响（见图 8-1）。

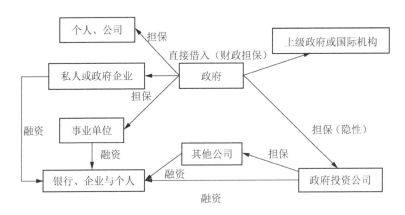

图 8-1　地方政府变相借债形式

（2）对政府信用的影响。政府信用是一种社会机制，它保证一国的经济从以原始支付手段为主流的市场交易方式向以信用交易为主流的市场交易方式的健康转变，直接扩大一国的市场规模，促进一国的经济走向成熟。但有的地方政府甚至为了追求片面的经济增长而不惜高成本举债，这就更加大了政府的债务风险。一旦难以偿还到期债务，毫无疑问会使地方政府的公信力下降，导致政府陷入信任危机，从而会引发一系列社会问题。

（3）对货币政策的影响。中央政府为了保持社会稳定和地方财政的可持续健康发展、避免地方融资平台的资金链断裂而采取适当宽松的货币政策，适度放松的货币政策使得资金成本长期处于较低水平，资产价格不断提高，社会产能过剩，这些都在一定程度上影响宏观经济的发展。

第二节　GDP 挂钩债券的基本原理及其在风险防范中的运用

我们将通过与 GDP 挂钩的债券的现金流支付情况来解释与 GDP 挂钩的债券的运作机理。我们比较一个 10 年期的普通债券和一个 10 年期的与 GDP 挂钩的债券，假定两个债券的面值都是 100 元，息票是每一年支付一次。普通债券的息票利息支付等于本金乘以票面利率，而与 GDP 挂钩的债券的息票利息等于票面利率乘以指数化以后的本金，这里的指数化以后的本金是发行时的本金乘以 GDP 平减指数得到的。假设 GDP 指数债券的息票利率为 2.5%，10 年里每年实际的 GDP 增长率均为 4%，与预期的增长率相符，而普通债券的息票利率为 6.6%，这样，其期望的实际收益率和与 GDP 挂钩的债券的息票利率相等。

表 8-1 显示了名义和实际的现金流支付。实际价值为名义价值的购买力，比如年初的 1 元钱在 3.5% 的 GDP 增长率条件下年末的实际价值为 0.966 元（1/1.035）。可以看到，普通债券的本金是固定不变的 100 元，在 GDP 挂钩债券条件下，本金的实际价值会改变，到期时本金的实际价值由原来的 100 元降至 67.56 元。同时，普通债券每年得到的固定利息 6.6 元也因为 GDP 的变化而贬值。而且随着 GDP 变化的累积利息贬值的程度逐渐加大。最后一年的利息实际价值仅为 4.46 元，价值下降了 1.89 元。对于与 GDP 挂钩的指数债券来说，债券的本金和利息价值都受到了保护，由于债券的本金每年随着 GDP 增长

率进行调整,本金的实际价值一直固定在100元,实际利率也固定为2.5%。虽然与GDP挂钩的指数债券每年支付的利息要少于普通债券,但是由于到期时金额较大的本金支付而得到了补偿。

表8-1 债券现金流支付表　　　　　　　　　单位:元

年份	普通债券				与GDP挂钩的债券			
	本金的名义价值	本金的实际价值	名义利息支付	利息支付实际价值	本金的名义价值	本金的实际价值	名义利息支付	利息支付实际价值
1	104.00	100.00	2.60	2.50	100	96.15	6.6	6.35
2	108.16	100.00	2.70	2.50	100	92.46	6.6	6.10
3	112.49	100.00	2.81	2.50	100	88.90	6.6	5.87
4	116.99	100.00	2.92	2.60	100	85.48	6.6	5.64
5	121.67	100.00	3.04	2.70	100	82.19	6.6	5.42
6	126.53	100.00	3.16	2.81	100	79.03	6.6	5.22
7	131.59	100.00	3.29	2.92	100	75.99	6.6	5.02
8	136.86	100.00	3.42	3.04	100	73.07	6.6	4.82
9	142.33	100.00	3.56	3.16	100	70.26	6.6	4.64
10	148.02	100.00	3.70	3.29	100	67.56	6.6	4.46

数据来源:模拟计算。

从表8-1可以得出,普通债券的总的名义收入为166元,到期时本金的实际价值为67.56元,与GDP挂钩的债券的总的名义收入为179.22元,到期时本金的实际价值为100元。

按照种类进行分类,与GDP挂钩的债券可以分为本金指数化债券与利率指数化债券。表8-2模拟比较分析了本金指数化债券的利息与利率指数化债券利息的支付情况,本金指数化债券由于提供了购买力平价保护而受到投资者的欢迎,但利率指数化债券作为浮动利率债券,其本金不变,利息支付根据利息变化与GDP的变化而确定。利率指数化债券的票面利率会随着实际GDP变化而变动,它的支付的利息额为:

$$\text{利息支付额} = \text{本金} \times \left(\text{固定利率} + \text{GDP增长率} + \text{固定利率} \times \text{GDP增长率} \right)$$

不考虑风险溢价,表 8-2 模拟了票息收益率(名义收益率)为 1.5% 的 10 年期本金和利率指数化与 GDP 挂钩的债券的现金流的变化(实际利息支付)。为了简便,我们在下面的讨论中将全部采用本金指数化计算。

表 8-2 与 GDP 挂钩的债券的本金指数化与利率指数化利息支付的模拟比较

单位:元

时期	GDP增长率	本金指数化		利率指数化	
		本金调整值	年支付利息	本金值	支付利息
1	4.40%	104.40	1.57	100	5.97
2	6.20%	110.87	1.66	100	7.79
3	7.70%	119.41	1.79	100	9.32
4	6.51%	127.18	1.91	100	8.11
5	6.88%	135.93	2.04	100	8.48
6	5.42%	143.30	2.15	100	7.00
7	6.03%	151.94	2.28	100	7.89
8	6.97%	162.53	2.44	100	8.57
9	4.33%	169.57	2.54	100	5.89
10	4.85%	177.79	2.67	100	6.42
总计		198.84	21.05	174.44	75.44

数据来源:模拟计算。

普通债券的票面收益率为名义收益率,而与 GDP 挂钩的债券的票面收益率为实际收益率,换言之,普通债券锁定的是名义收益,而与 GDP 挂钩的债券锁定的是实际收益。根据费雪方程式,长期普通债券的名义收益率 i 由三个部分构成:与 GDP 挂钩的债券的实际收益率 r、债券期限内预期的 GDP 的增长率 g 以及 GDP 增长风险溢价 p,即 $i = r + g + p$。

普通债券的名义收益率与实际收益率的差为(i－r)，也就是说，普通债券和与GDP挂钩的债券的票面收益率之差，称为平准GDP增长率。平准GDP增长率由预期的GDP增长率g和与GDP增长风险溢价p两部分组成。与GDP挂钩的债券的实际收益率为r，它的本息支付是根据实际GDP增长率而不断进行调整，名义收益率则是i＝r＋rp（rp为实际GDP增长率）。从这里可以看出，普通债券收益是否能超过与GDP挂钩的债券的收益，关键在于实际GDP增长率与平准GDP增长率之差，即［rp－(g＋p)］。如果这个差额大于零，则实际GDP增长率高于平准GDP增长率，普通债券的实际收益率高于与GDP挂钩的债券的实际收益率，普通债券对投资者更具有吸引力；反之，则与GDP挂钩的债券比普通债券更为投资者所吸引。

表8-3模拟比较了不同GDP增长率下10年期的与GDP挂钩的债券和10年期的普通债券的利息支付。假设每年支付一次利息，并且10年间GDP的增长率不变，增长的风险溢价为0.5%。模拟结果表明，由于增长的不确定性的风险溢价存在，当实际GDP增长率等于或小于预期增长率2%时，普通名义债券的表现要优于与GDP挂钩的债券。从表8-4可以看出，实际增长率在1%或者2%时，普通债券的表现要好于与GDP挂钩的债券。而当实际GDP增长率超过平准GDP增长率时，与GDP挂钩的债券的表现要优于普通债券。由于平准GDP增长率在市场中很容易观察到，等于普通债券的名义收益率减去实际收益率，上例中为2.6%，即(5.1/100－2.5%)，因而在计算平准GDP增长率时，不需要划分增长预期和风险溢价在平准GDP增长率中所占的比重。当实际GDP增长率低于平准GDP增长率2.6%时，普通债券的表现要优于与GDP挂钩的债券；而当实际GDP增长率超过平准GDP增长率2.6%时，与GDP挂钩的债券的表现则好于普通债券。

表8-3 模拟比较不同GDP增长率下普通债券与GDP挂钩债券利息支付

单位：元

年份	普通债券		GDP挂钩债券					
			实际GDP增长率1%		实际GDP增长率2%		实际GDP增长率3%	
	本金	利息	本金	利息	本金	利息	本金	利息
1	100	5.10	101.00	2.53	102.00	2.55	103.00	2.58
2	100	5.10	102.01	2.55	104.04	2.60	106.09	2.65
3	100	5.10	103.03	2.58	106.12	2.65	109.27	2.73
4	100	5.10	104.06	2.60	108.24	2.71	112.55	2.81
5	100	5.10	105.10	2.63	110.41	2.76	115.93	2.90
6	100	5.10	106.15	2.65	112.62	2.82	119.41	2.99
7	100	5.10	107.21	2.68	114.87	2.87	122.99	3.07
8	100	5.10	108.28	2.71	117.17	2.93	126.68	3.17
9	100	5.10	109.37	2.73	119.51	2.99	130.48	3.26
10	100	5.10	110.46	2.76	121.90	3.05	134.39	3.36
合计	151		136.88		149.83		163.91	

注：假设实际收益为2.5%，预期GDP增长率为4%，风险溢价为0.5%。
数据来源：模拟计算。

表8-4 与GDP挂钩的债券在不同经济增速下的本息和

单位：元

年份	普通债券		GDP挂钩债券					
			低速增长 实际GDP增长率2%		中速增长 实际GDP增长率5%		高速增长 实际GDP增长率7%	
	本金	利息	本金	利息	本金	利息	本金	利息
1	100	5	102.00	2.55	105.00	2.60	107.00	2.68
2	100	5	104.04	2.60	110.25	2.73	114.49	2.86
3	100	5	106.12	2.65	115.76	2.87	122.50	3.06
4	100	5	108.24	2.71	121.55	3.01	131.08	3.28
5	100	5	110.41	2.76	127.63	3.16	140.26	3.51
6	100	5	112.62	2.82	134.01	3.32	150.07	3.75
7	100	5	114.87	2.87	140.71	3.48	160.58	4.01
8	100	5	117.17	2.93	146.34	147.75	171.82	4.30

(续表)

年份	普通债券		GDP 挂钩债券					
			低速增长 实际 GDP 增长率 2%		中速增长 实际 GDP 增长率 5%		高速增长 实际 GDP 增长率 7%	
	本金	利息	本金	利息	本金	利息	本金	利息
9	100	5	119.51	2.99	153.66	155.13	183.85	4.60
10	100	5	121.90	3.05	161.34	162.89	196.72	4.92
合计	150		149.83		195.91		233.67	

注：假设实际收益为 2.5%。
数据来源：模拟计算。

与 GDP 挂钩债券的特定风险表现在两个方面：一是期望值风险。相对于普通的债券，与 GDP 挂钩债券的收益表现，是与对未来 GDP 增长率和利率的预期相关联的，而这些都受到宏观经济环境和货币政策等因素的影响。从这个角度看，影响与 GDP 挂钩债券相对表现的原因是对 GDP 的增长率的预期以及实际的 GDP 增长水平。当实际 GDP 增长低于预期时，与 GDP 挂钩债券的表现则不及普通债券；二是流动性风险。与 GDP 挂钩债券只针对部分购买债券且持有到期的特定的投资者，它的市场规模一般比较小，交易量远远低于普通债券，并且波动相对于普通债券要大，由于市场分割而致使流动性下降，流动性风险较大，会因投资者索要流动性风险溢价而增加发行成本。

由于与 GDP 挂钩债券与普通债券之间的收益率差别取决于 GDP 增长率和增长风险溢价，对于期限等其他条件完全相同的与 GDP 挂钩债券与普通债券而言，两者在某一时间点收益率的差别就反映了投资者对 GDP 增长率的预期。假设与 GDP 挂钩债券的收益率低于普通债券的 3%，就意味着投资者估计在该 GDP 挂钩债券存续期内 GDP 增长率将达到 3%。在 GDP 挂钩债券的存续期内，如果实际的 GDP 增长率低于发行时的预期，该债券对于发行者来说，就能取得相对于同期限普通债券的成本优势。在整个债务的存续期内，与GDP挂钩债券的全部相对成本取决于GDP增长预期与实际增长率之间的差别。

对于地方政府而言，当地方经济处于高速增长阶段时，地方政府有能力偿还固定利率债务。但是当地方经济处于低速增长时，政府就有可能难以偿还按照固定利率计息的债务。以江苏省为例，在表8-5中进行模拟计算。据同花顺iFinD数据统计，截至2021年2月28日，城投债平均票面利率为5.0418%，假设普通的为5%。我们按照经济增长的三种情况进行分类：①低速增长，名义GDP增速为4%，CPI为2%，实际GDP增长率为2%；②中速增长，名义GDP增速为8.5%，CPI为3.5%，实际GDP增长率为5%；③高速增长，名义GDP增长率为11.5%，CPI为4.5%，实际GDP增速为7%（参考近年中美GDP增长率和CPI指数）。按照表8-4的结果，当地方经济处于高速增长阶段时，投资者可以分享经济增长所带来的收益，避免固定利率债券的实际收益降低的情况；而地方政府由于经济的高速增长所带来的税收以及土地出让收入的增长，并不会面临巨大的债务风险。当经济进入低速增长阶段的时候，与GDP挂钩的债券需要支付较少的本息和。根据Wind数据统计，截至2021年，江苏省仅城投债余额就达到3 263亿。如果按照固定利率进行支付，需要偿还的本息和高达6 086.64亿元，江苏省政府将面临巨大的债务风险。但如果发行与GDP挂钩的浮动利率债券，到期需要支付本息和5 428.34亿元，减少债务658.3亿元，减少约10.82%，这就大大降低了地方政府的债务风险。

除此以外，政府可以考虑分期偿还本金，避免最后一次性偿还债务的压力。表8-5模拟了分期偿还本金的情况。我们假设在第3年和第6年分别偿还本金30元。从表8-5模拟的结果中可以看出，分期偿还债务不仅仅可以减小政府一次性支付的压力，并且支付总额较本金最后一次性支付也较少，这对于处于经济低速增长时期的地方政府来说，可以进一步减少债务费用、降低债务风险。

表8-5 本金分期偿还

单位：元

年份	本金最后一次性偿还				本金分期偿还			
	实际GDP增长率1%		实际GDP增长率2%		实际GDP增长率1%		实际GDP增长率2%	
	本金	利息	本金	利息	本金	利息	本金	利息
1	101.00	2.53	102.00	2.55	101.00	2.53	102.00	2.55
2	102.01	2.55	104.04	2.60	102.01	2.55	104.04	2.60
3	103.03	2.58	106.12	2.65	103.03	2.58	106.12	2.65
4	104.06	2.60	108.24	2.71	73.76	1.84	77.64	1.94
5	105.10	2.63	110.41	2.76	74.50	1.86	79.20	1.98
6	106.15	2.65	112.62	2.82	75.24	1.88	80.78	2.02
7	107.21	2.68	114.87	2.87	45.70	1.14	51.79	1.29
8	108.28	2.71	117.17	2.93	46.15	1.15	52.83	1.32
9	109.37	2.73	119.51	2.99	46.61	1.17	53.89	1.35
10	110.46	2.76	121.90	3.05	47.08	1.18	54.96	1.37
合计	136.88		149.83		124.97		134.04	

数据来源：模拟计算。

第三节 研究结论与建议

目前，西方国家频发主权债务危机问题，再加上我国经济目前进入转型阶段，地方政府债务问题成为全社会聚焦的热点问题。发行固定利率的债券，意味着即使地方经济增速下降，地方政府也必须按照票面利率偿还债务,这很可能会引发地方政府的债务危机,对投资人而言,其实际收益也由于通胀因素而遭受损失。本章经过模拟计算后得出的结论为:(1)普通债券锁定的是名义收益,而与 GDP 挂钩的债券锁定的是实际收益,可以在一定程度上保护投资者的收益;(2)普通债券收益是否能超过与 GDP 挂钩的债券的收益,关键在于实际 GDP 增长率与平准 GDP 增长率之差,如果这个差额大于零,则普通债券的实际收益率高于与 GDP 挂钩的债券的实际收益率,反之,则与 GDP 挂钩的债券比普通债券更为投资者所吸引;(3)在地方经济低速增长阶段,发行与 GDP 挂钩的债券可以降低政府的债务风险;(4)债务的本金进行分期偿还也可以降低政府的债务风险。从中,我们得出以下几点建议。

一、地方债务的利率可以与 GDP 挂钩

对于地方政府而言,发行与 GDP 挂钩的指数债券的最大好处是可以帮助地方政府平滑债务风险。各地政府可以依照当地经济形势的好坏来调整还债数额。当经济形势发展较好时,政府可以并且有能力偿还更多的债务;当经济形势较为困难的时候,政府就可以减少债务的偿还量,从而降低了爆发债务危机的概率,有利于经济的可持续发展。与 GDP 挂钩的债券实际上是一种用来防范经济发展剧烈变化或经济周期波动风险的金融创新工具。就我国目前的政府债务现状而言,如果地方经济出现恶化,发行普通债券的地方政府将会面临极大的债务问题,并且还要面对由债务所引发的一系列社会问题。按照固定利率发行的债务,必须要偿还固定的数额,这对于像我国这样一个处于市场经济的改革阶段、经济波动性和不确定性较大的发展中国家来说,既会增大政府的债务风险,也会降低投资者的实际收益。

如果发行与 GDP 挂钩的债权，既可以保障投资者更好地享受中国经济长期增长的成果，也可以降低政府的违约概率，从而增强政府的信誉。

二、分期偿还本金

当发行的债务到期时，政府会面临一次性偿还本金的压力，如果此时政府的财务状况出现问题，很可能会将债务进行展期，投资者无法收回资金，政府的信用也会受到巨大的影响。政府的信用是社会信用的基石，如果政府经常无法按时偿还本金，将会严重损害政府形象。如果本金进行分期偿还，对于地方政府而言，会减小政府最后一次性偿还的压力，并且可以减少政府偿还债务的总额；对于投资人而言，可以分期收回本金，起到一定的保护作用。

三、运用市场机制，减少政府干预

地方政府对于当地的经济发展状况和社会问题较为了解，如果全部由中央政府发行债务，将无法做到因地制宜，并且中央政府需要负担的债务过重。让地方政府能够根据当地的发展需要，针对经济和社会建设问题筹集资金。允许地方政府发债，是为了拓宽地方政府的融资渠道。地方政府需要大量资金时可能会通过不规范不透明的方式来融资，如利用行政权力对地方金融机构大举借贷或者设立以土地抵押为主的地方融资平台等，从而制造了大量隐性负债，难以进行有效的债务风险控制。所以，地方政府发行债券必须要运用市场机制。并且，如果对地方政府发债进行过多干预，阻碍市场机制作用的发挥,将会影响地方债券市场的发展和完善,不利于完善的金融体制的建立。另外,地方政府筹集的资金需要通过市场手段而不是行政手段来进行分配。行政手段的分配方式将会影响资金的使用效率,难以保证资金用于公共产品和服务上。

本章小结

我国经济目前进入转型阶段,表明中国经济由高速增长转向高质量增长。通过模拟计算发现,普通债券锁定的是名义收益,而与GDP挂钩的债券锁定的是实际收益,可以在一定程度上保护投资者收益。普通债券收益是否能超过与GDP挂钩的债券的收益,关键在于实际GDP增长率与平准GDP增长率之差。如果地方经济出现下滑,进入低速增长阶段,发行固定利率债券的地方政府很有可能难以偿还到期债务而陷入债务危机,投资人的实际收益也会由于通胀因素而遭受损失。与GDP挂钩的债券实际上是一种用来防范经济发展剧烈变化或经济周期波动风险的金融创新工具,发行与GDP挂钩的债券使得各地政府能够依照当地经济形势的好坏来调整还债数额,从而大大降低政府的债务风险,有利于经济的可持续发展。此外,债务的本金进行分期偿还也可以降低政府的债务风险和违约概率,从而增强政府的信誉。

参考文献

［1］白云霞、邱穆青、李伟：《投融资期限错配及其制度解释——来自中美两国金融市场的比较》，《中国工业经济》2016年第7期。

［2］曹春方、马连福、沈小秀：《财政压力、晋升压力、官员任期与地方国企过度投资》，《经济学》(季刊) 2014年第4期。

［3］陈健：《财政联邦制、非正式财政与政府债务——对中国转型经济的规范分析》，《财经研究》2007年第2期。

［4］陈诗一、陈登科：《雾霾污染、政府治理与经济高质量发展》，《经济研究》2018年第2期。

［5］陈志勇、毛晖、张佳希：《地方政府性债务的期限错配：风险特征与形成机理》，《经济管理》2015年第5期。

［6］崔伟波：《回归本源：评级过度集中背景下的信用利差分析》，《金融市场研究》2017年第10期。

［7］戴国强、李良松：《利率期限模型估计结果影响因素经验研究》，《中国管理科学》2010年第1期。

［8］邓淑莲、刘潋滟：《财政透明度对地方政府债务风险的影响研究——基于政府间博弈视角》，《财经研究》2019年第12期。

［9］方红星、施继坤、张广宝：《产权性质、信息质量与公司债定价——来自中国资本市场的经验证据》，《金融研究》2013年第4期。

［10］封北麟：《地方政府投融资平台与地方政府债务研究》，《中国财政》2009年第18期。

[11] 高自强:《关于地方融资平台贷款风险的认识与思考》,《中国金融》2010 年第 16 期。

[12] 葛永波、申亮:《财政透明度衡量问题研究——一个分析框架》,《财政研究》2009 年第 12 期。

[13] 韩鹏飞、胡奕明:《政府隐性担保一定能降低债券的融资成本吗?——关于国有企业和地方融资平台债券的实证研究》,《金融研究》2015 年第 3 期。

[14] 何平、金梦:《信用评级在中国债券市场的影响力》,《金融研究》2010 年第 4 期。

[15] 洪源、陈丽、曹越:《地方竞争是否阻碍了地方政府债务绩效的提升?——理论框架及空间计量研究》,《金融研究》2020 年第 4 期。

[16] 胡欣然、雷良海:《我国地方政府债务的再思考——基于新供给理论与供给侧结构性改革的视角》,《财经科学》2018 年第 8 期。

[17] 胡臻:《中国信用评级对债券回报率的影响分析》,《金融市场》2011 年第 2 期。

[18] 黄小琳、朱松、陈关亭:《债券违约对涉事信用评级机构的影响——基于中国信用债市场违约事件的分析》,《金融研究》2017 年第 3 期。

[19] 纪洋、王旭、谭语嫣,等:《经济政策不确定性、政府隐性担保与企业杠杆率分化》,《经济学》(季刊) 2018 年第 2 期。

[20] 贾康:《地方债务应逐步透明化》,《中国金融》2010 年第 16 期。

[21] 贾康:《关于中国地方财政现实问题的认识》,《华中师范大学学报》(人文社会科学版),2010 年第 49 期。

[22] 贾康、孟艳:《运用长期建设国债资金规范和创新地方融资平台的可行思路探讨》,《理论前沿》2009 年第 8 期。

[23] 蒋忠元:《地方政府债券发行过程中的信用风险度量和发债规模研究——基于 KMV 模型分析江苏省地方政府债券》,《经济研究导刊》2011 年第 19 期。

[24] 寇宗来、盘宇章、刘学悦:《中国的信用评级真的影响发债成本吗?》,《金融研究》2015 年第 10 期。

[25] 黎凯、叶建芳:《财政分权下政府干预对债务融资的影响——基于转轨经济制度背景的实证分析》,《管理世界》2007 年第 8 期。

[26] 李虹含、王尚:《中国城投债利差宏微观影响因素的实证研究》,《海南金融》2015

年第 12 期。

[27] 李奇霖、王言峰、李云霏:《城投再来:地方融资平台如何转型》,华夏出版社 2017 年版。

[28] 李婉:《中国式财政分权与地方政府预算外收入膨胀研究》,《财经论丛》2010 年第 5 期。

[29] 李迅雷:《中国经济步入"负债式增长"时代》,《资源再生》2013 年第 1 期。

[30] 李亚平、黄泽民:《信用评级、债券增信与中期票据融资成本》,《上海金融》2017 年第 2 期。

[31] 林毅夫、李志赟:《政策性负担、道德风险和软预算约束》,《经济研究》2004 年第 2 期。

[32] 凌士勤、申卫东:《金融认证对我国城投债发行利率的影响分析》,《时代金融》2017 年第 8 期。

[33] 刘娥平、施燕平:《盈余管理、公司债券融资成本与首次信用评级》,《管理科学》2014 年第 5 期。

[34] 刘红忠、史霜霜:《地方政府干预及其融资平台的期限错配》,《世界经济文汇》2017 年第 4 期。

[35] 刘骅:《地方政府债务的协同治理审计研究》,《财政研究》2018 年第 9 期。

[36] 刘骅:《PPP 项目审计的协同治理模式与机制研究》,《中国行政管理》2018 年第 1 期。

[37] 刘尚希:《财政分权改革——"辖区财政"》,《中国改革》2009 年第 6 期。

[38] 刘尚希:《财政风险:一个分析框架》,《经济研究》2003 年第 5 期。

[39] 刘士达、王浩、张明:《信用评级有效性与监管依赖:来自银行同业存单的证据》,《经济学报》2018 年第 5 期。

[40] 刘婷、郭丽虹:《银行授信、财务弹性与过度投资》,《国际金融研究》2015 年第 6 期。

[41] 刘伟、王汝芳:《中国资本市场效率实证分析——直接融资与间接融资效率比较》,《金融研究》2006 年第 1 期。

[42] 刘笑霞、李建发:《中国财政透明度问题研究》,《厦门大学学报》(哲学社会科学

版）2008 年第 6 期。

[43] 刘煜辉、张榉成:《中国地方政府融资平台分析》,《银行家》2010 年第 6 期。

[44] 刘子怡:《政府效率与地方政府融资平台举债——基于 31 个省级政府财务披露信息的实证分析》,《现代财经》2015 年第 2 期。

[45] 陆正飞、高强:《中国上市公司融资行为研究——基于问卷调查的分析》,《会计研究》2003 年第 10 期。

[46] 罗党论、佘国满:《地方官员变更与地方债发行》,《经济研究》2015 年第 6 期。

[47] 罗党论和王文睿:《高管专业背景与城投公司企业债融资成本——基于地市级及区县级城投公司的经验证据》,《财务研究》2017 年第 6 期。

[48] 罗党论、应千伟、常亮:《银行授信、产权与企业过度投资:中国上市公司的经验证据》,《世界经济》2012 年第 3 期。

[49] 罗明琦:《地方债治理与我国当前城镇化融资的政策选择》,《当代经济研究》2014 年第 9 期。

[50] 罗荣华、刘劲劲:《地方政府的隐性担保真的有效吗?——基于城投债发行定价的检验》,《金融研究》2016 年第 4 期。

[51] 马红、侯贵生、王元月:《产融结合与我国企业投融资期限错配——基于上市公司经验数据的实证研究》,《南开管理评论》2018 年第 3 期。

[52] 马骏、刘亚平:《中国地方政府财政风险研究:"逆向软预算结束"理论的视角》,《学术研究》2005 年第 11 期。

[53] 马原驰:《财政分权视角下地方政府债务规模与风险研究》,《经贸实践》2018 年第 19 期。

[54] 毛文峰、陆军:《土地资源错配、城市蔓延与地方政府债务——基于新口径城投债数据的经验证据》,《经济学家》2020 年第 4 期。

[55] 梅冬州、崔小勇、吴娱:《房价变动、土地财政与中国经济波动》,《经济研究》2018 年第 1 期。

[56] [美] 罗伯特·席勒:《中国政府是时候撤回对金融资产的隐性担保了》,《中国经济周刊》2016 年第 1 期。

[57] 米璨:《我国地方政府投融资平台产生的理论基础与动因》,《管理世界》2011 年

第 3 期。

[58] 缪小林、伏润民:《我国地方政府性债务风险生成与测度研究——基于西部某省的经验数据》,《财贸经济》2012 年第 1 期。

[59] 聂新伟:《政府"隐形之手"、债务展期与债务违约——信用债违约形成机理的一个逻辑分析》,《财经智库》2016 年第 6 期。

[60] 邱峰:《地方债务置换效应及其对商业银行影响的探析》,《国际金融》2015 年第 6 期。

[61] 沈红波、廖冠民:《信用评级机构可以提供增量信息吗——基于短期融资券的实证检验》,《财贸经济》2014 年第 8 期。

[62] 沈明高、彭程、龚橙:《地方融资平台远虑与近忧》,《中国改革》2010 年第 5 期。

[63] 盛明泉、张敏、马黎珺,等:《国有产权、预算软约束与资本结构动态调整》,《管理世界》2012 年第 3 期。

[64] 施丹、姜国华:《会计信息在公司债信用等级迁移中的预测作用研究》,《会计研究》2013 年第 3 期。

[65] 施华强、彭兴韵:《商业银行软预算约束与中国银行业改革》,《金融研究》2003 年第 10 期。

[66] 汪崇金、崔凤:《信息公开能抑制地方政府的举债行为吗?——基于中国地市级面板数据的实证分析》,《山东财经大学学报》2020 年第 1 期。

[67] 汪莉、陈诗一:《政府隐性担保、债务违约与利率决定》,《金融研究》2015 年第 9 期。

[68] 王博森、施丹:《市场特征下会计信息对债券定价的作用研究》,《会计研究》2014 年第 4 期。

[69] 王倩:《当前形势下政府融资又一选择——提议发行与经济增长周期相匹配的浮动利率国债》,《上海证券报》2009 年 4 月 22 日。

[70] 王叙果、张广婷、沈红波:《财政分权、晋升激励与预算软约束——地方政府过度负债的一个分析框架》,《财政研究》2012 年第 3 期。

[71] 王永钦、戴芸、包特:《财政分权下的地方政府债券设计:不同发行方式与最优信息准确度》,《经济研究》2015 年第 11 期。

[72] 王永钦、张晏：《中国的大国发展道路——论分权式改革的得失》，《经济研究》2007年第1期。

[73] 王宇：《我国企业债信用利差宏观影响因素实证检验》，《债券》2013年第11期。

[74] 王振宇、连家明、郭艳娇，等：《我国地方政府性债务风险识别和预警体系研究——基于辽宁的样本数据》，《财贸经济》2013年第7期。

[75] 魏加宁：《地方政府投融资平台的风险何在》，《中国金融》2010年第16期。

[76] 魏明海、赖婧、张皓：《隐性担保、金融中介治理与公司债券市场信息效率》，《南开管理评论》2017年第1期。

[77] 温来成、马昀：《财政透明度与地方政府融资成本——来自2015年〈预算法〉实施的证据》，《地方财政研究》2019年第12期。

[78] 吴俊培、陈思霞：《税收和政府转移支付的经济稳定效应分析——基于中国经验数据的实证》，《税务研究》2013年第7期。

[79] 武鹏：《改革以来中国经济增长的动力转换》，《中国工业经济》2013年第2期。

[80] 夏勇毅：《地方政府融资平台资产与负债匹配性分析》，《新金融》2015年第12期。

[81] 向辉、俞乔：《债务限额、土地财政与地方政府隐性债务》，《财政研究》2020年第3期。

[82] 项峥：《"刚性兑付"难掩影子银行风险》，《中国经济周刊》2014年第6期。

[83] 肖耿、李金迎、王洋：《采取组合措施化解地方政府融资平台贷款风险》，《中国金融》2009年第20期。

[84] 肖鹏、樊蓉：《债务控制视角下的地方财政透明度研究——基于2009—2015年30个省级政府的实证分析》，《财政研究》2019年第7期。

[85] 肖鹏、刘炳辰、王刚：《财政透明度的提升缩小了政府性债务规模吗？——来自中国29个省份的证据》，《中央财经大学学报》2015年第8期。

[86] 徐忠：《经济高质量发展阶段的中国货币调控方式转型》，《金融研究》2018年第4期。

[87] 徐忠：《新时代背景下现代金融体系与国家治理体系现代化》，《经济研究》2018年第7期。

[88] 徐忠：《中国经济风险总体可控对冲外部风险关键在于深化改革》，《第一财经日

报》2018年7月2日第A11版。

[89] 许成钢:《政治集权下的地方经济分析与中国改革》,《比较》2008年第36期。

[90] 许成钢:《中国债务问题》,《2010财新峰会:变革世界的中国策》,财新网,2010年。

[91] 杨娉、李博:《从城投债发行定价看利率市场化改革》,《南方金融》2015年第2期。

[92] 殷剑峰、费兆奇、范丽君:《地方政府债务置换选择》,《中国金融》2015年第9期。

[93] 应千伟、罗党论:《授信额度与投资效率》,《金融研究》2012年第5期。

[94] 詹向阳、郑艳文:《地方政府债务置换的影响》,《中国金融》2015年第20期。

[95] 张海星、靳伟凤:《地方政府债券信用风险测度与安全发债规模研究——基于KMV模型的十省市样本分析》,《宏观经济研究》2016年第5期。

[96] 张燃:《信用价差变化的决定因素——一个宏观视角》,《当代财经》2008年第9期。

[97] 张璇、刘贝贝、汪婷,等:《信贷寻租、融资约束与企业创新》,《经济研究》2017年第5期。

[98] 张宇峰、王长江:《"内部人控制"与预算软约束:一个理论假说》,《南京大学学报》(哲学·人文科学·社会科学) 2006年第6期。

[99] 张志军:《我国资本市场信用评级行业现状、问题及建议》,《中国证券》2013年第1期。

[100] 赵晓琴、万迪昉:《上市公司债券票面利差形成影响因素研究》,《证券市场导报》2011年第8期。

[101] 钟辉勇、钟宁桦、朱小能:《城投债的担保可信吗?——来自债券评级和发行定价的证据》,《金融研究》2016年第4期。

[102] 钟宁桦、刘志阔、何嘉鑫,等:《我国企业债务的结构性问题》,《经济研究》2016年第7期。

[103] 周雪光:《"逆向软约束":一个政府行为的组织分析》,《中国社会科学》2005年第2期。

[104] 朱洁、李齐云:《信用风险视角下地方政府债券发行规模测算——基于KMV模型的实证分析》,《中南财经政法大学学报》2016年第2期。

[105] Agarwal, S. & Hauswald, R. Distance and Private Information in Lending. Review of Financial Studies, 2010, 23(7): 2757-2788.

[106] Ahmad E., Albino-War, M. & Singh, E., R. J. Subnational Public Financial Management: Institutions and Macroeconomic Considerations, Handbook of Fiscal Federalism, 2006.

[107] Aronson, J. R. & Marsden, J. R. Duplicating Moody's Municipal Credit Ratings. Public Finance Review, 1980.

[108] Azuma, Y. & Kurihara, J. Examing China's Local Government Fiscal Dynamics. Politico-Economic Commentaries, 2011, 5.

[109] Bai, J., Krishnamurthy, A. & Weymuller, C.H. Measuring Liquidity Mismatch in the Banking Sector. Journal of Finance, 2018, 73(1): 51-93.

[110] Bailely, A. Safety Net for Foreign Lending. Business Week, 1983.

[111] Barakova, I. & Parthasarathy, H. How Committed are Bank Corporate Line Commitments? Social Science Electronic Publishing, 2012.

[112] Bird, R. Tax Policy and Economic Development. Baltimore: Johns Hopkins University Press, 1992.

[113] Blanchard, O. & Shleifer, A. Federalism with and without Political Centralization: China versus Russia. IMF Staff Papers, 2001, 48(4): 8.

[114] Boadway, R. & Tremblay, J-F. A Theory of Vertical Fiscal Imbalance, Queen's University Press. 2005.

[115] Borensztein, M. P. The Case for GDP — Indexed Bonds. Economic Policy, 2004, 4: 165-216.

[116] Chamon, M. & Mauro, P. Pricing growth-indexed bonds. Journal of Banking & Finance, 2006, 30(12): 3349-3366.

[117] Chen, H., Chen, J. Z., Lobo, G. J. & Wang, Y. Association Between Borrower and Lender State Ownership and Accounting Conservatism. Journal of Accounting Research, 2010, 48(5): 973-1014.

[118] Dafflon, B. & Beer-Toth, K. Managing Local Public Debt in Transition Countries: An Issue of Self-Control. Financial Accountability and Management, 2009.

[119] Demiroglu, C. and James, C. The Use of Bank Lines of Credit in Corporate Liquidity Management: A Review of Empirical Evidence. *Journal of Banking and Finance*, 2011, 35 (4): 775-782.

[120] Depken, C. A. & Lafountain, C. L. Fiscal Consequences of Public Corruption: Empirical Evidence from State Bond Ratings. *Public Choice*, 2006, 126(1): 75-85.

[121] Diamond, D. W. Financial Intermediation and Delegated Monitoring. *Review of Economic Studies*, 1984, 51: 393-414.

[122] Easterly, W. When Is Fiscal Adjustment an Illusion? *Economic Policy*, 1999, (4): 57-76.

[123] Eckaus, R. S. Some Consequences of Fiscal Reliance on Extrabudgetary Revenues in China. *China Economic Review*, 2003(14): 72-88.

[124] Fan, J. P. H. & Titman, S. An International Comparison of Capital Structure and Debt Maturity Choices. *Journal of Financial and Quantitative Analysis*, 2012, 47(1): 23-56.

[125] Flannery, M. J. & Sorescu, S. M. Evidence of Bank Market Discipline in Subordinated Debenture Yields: 1983–1991. *Social Science Electronic Publishing*, 2012, 51 (4): 1347-1377.

[126] Gao, P. & Qi, Y. Political Uncertainty and Public Financing Costs: Evidence from U.S. *Social Science Electronic Publishing*, 2013.

[127] George, P. & Zaporowski, M. P. Determinants of Municipal Bond Ratings for General Purpose Governments: an Empirical Analysis. *Public Budgeting & Finance*, 2012, 32(2): 86-102.

[128] Goodspeed, T. J. Bailouts in a Federalism, *International Tax and Public Finance*, 1997, 9: 409-421.

[129] Guo, H. Managerial Quality and State General Obligation Bond Ratings: Evidence with the GPP Grades. *The American Review of Public Administration*, 2011, 41 (5): 562-576.

[130] Hart, O. & Moore, J. A Theory of Debt Based on the Inalienability of Human Capital. *The Quarterly Journal of Economics*, 1994, 109(4): 841-879.

[131] Hogye, M. Local Government Budgeting. OSI / LGI: Budapest, 2002.

[132] Kidwell, H. D. S. Bond Ratings: Are Two Better than One? *Financial Management*, 1988, 17(1): 46-53.

[133] Kopits, G. & Craig, J. D. Transparency in Government Operations, *IMF Occasional Papers*, 1998: 158.

[134] Kornai, J. Economics of Shortage. Amsterdam: North-Holland, 1980.

[135] Kruse, S., Metitner, B. M. & Schroder, M. On the Pricing of GDP-linked Financial Products. *Applied Financial Economics*, 2005, 15(3): 1125-1133.

[136] Li, H. & Zhou, L. A. Political Turnover and Economic Performance: the Incentive Role of Personnel Control in China. *Journal of Public Economics*, 2003, 89(9): 1743-1762.

[137] Liu, P. & Thakor, A. V. Interest Yields, Credit Ratings, and Economic Characteristics of State Bonds: An Empirical Analysis: Note. *Journal of Money Credit & Banking*, 1984, 16(3): 344-351.

[138] Luo, D. & Ying, Q. Political Connection and Banking Lines of Credit. *Emerging Markets Finance & Trade*, 2014, 50(3): 5-21.

[139] Martin, J. S. & Santomero, A. Investment Opportunities and Corporate Demand for Lines of Credit. *Journal of Banking and Finance*, 1997, 21(10): 1331-1350.

[140] Mathis, J., McAndrews, J. & Rochet, J.-C. Rating the Raters: Are Reputation Concerns Powerful Enough to Discipline Rating Agencies? *Journal of Monetary Economics*, 2009, 56(5): 657-674.

[141] McLean, R. & Zhao, M. The Business Cycle, Investor Sentiment, and Costly External Finance. *Journal of Finance*, 2014, 69(3): 1377-1409.

[142] Montes, G. C., Bastos, Júlio Cesar Albuquerque, De Oliveira, Ana Jordânia, Fiscal Transparency, Government Effectiveness and Government Spending Efficiency: Some International Evidence Based on Panel Data Approach. *Economic Modelling*, 2018.

[143] Morris, J. On Corporate Debt Maturity Strategies. *Journal of Finance*, 1976, 31(1): 29-37.

[144] Myers, S. C. & Majluf, N. Corporate Financing and Investment Decisions When Firms Have Information Investors Do Not Have. *Journal of Financial Economics*, 1984, 13(2):

187-221.

[145] Myers, S. C. Determinants of Corporate Borrowing. Journal of Financial Economics, 1977, 5(2): 147-175.

[146] Norden, L. & Weber, M. Credit Line Usage, Checking Account Activity, and Default Risk of Bank Borrowers. Review of Financial Studies, 2010, 23(10): 3665-3699.

[147] Orman, C. & Köksal, B. Debt Maturity across Firm Types: Evidence from a Major Developing Economy. Emerging Markets Review, 2017, 30(3): 169-199.

[148] O'Hara, M. & Shaw, W. Deposit Insurance and Wealth Effects: the Value of Being "Too Big to Fail". Journal of Finance, 1990, 45(5): 1587-1600.

[149] Polackova H. Contingent Government Liabilities: a Hidden Risk for Fiscal Stability. Policy Research Working Paper, 1998.

[150] Qian, W., Wong, T. J. & Xia, L. State Ownership, the Institutional Environment, and Auditor Choice: Evidence from China. Journal of Accounting & Economics, 2008, 46(1):112-134.

[151] Rodden J. & Eskeland, G. S. Soft Budget Constraints and German Federalism, MIT Press: Cambridge, Mass, 2003.

[152] Sapienza, P. The Effects of Government Ownership on Bank Lending. Journal of Financial Economics, 2004, 72(2): 357-384.

[153] Schröder, M., Heinemann, F. & Kruse, S., GPD-linked Bonds as a Financing Tool for Developing Countries and Emerging Markets. SSRN Electronic Journal, 2004.

[154] Ter Minassian, T. & Craig, J. Control of Subnational Government Borrowing, Fiscal Federalism in Theory and Practice, International Monetary Fund, 1997.

[155] Wildasin, D. E. The Institution of Federalism: Toward an Analytical Framework, National Tax Journal, 2004, 57(2): 247-272.

[156] Wildasin, D. E., Introduction: Fiscal Aspects of Evolving Federations, International Tax and Public Finance, 1996, 3: 121-135.

[157] Zhang, Y. S. & Barnett, S. A. Fiscal Vulnerabilities and Risks from Local Government Finance in China. IMF Working Papers, 2014, 14(4).

图书在版编目(CIP)数据

隐性担保与地方政府债务风险防范/沈红波,王叙果著. —上海:复旦大学出版社,2021.8
ISBN 978-7-309-15486-3

Ⅰ.①隐⋯ Ⅱ.①沈⋯ ②王⋯ Ⅲ.①地方财政-债务管理-风险管理-研究-中国
Ⅳ.①F812.7

中国版本图书馆CIP数据核字(2021)第020380号

隐性担保与地方政府债务风险防范
YINXING DANBAO YU DIFANG ZHENGFU ZHAIWU FENGXIAN FANGFAN
沈红波 王叙果 著
责任编辑/戚雅斯

复旦大学出版社有限公司出版发行
上海市国权路579号 邮编:200433
网址: fupnet@ fudanpress.com   http://www.fudanpress.com
门市零售: 86-21-65102580   团体订购: 86-21-65104505
出版部电话: 86-21-65642845
上海春秋印刷厂

开本 787×960 1/16 印张 12.75 字数 153 千
2021 年 8 月第 1 版第 1 次印刷

ISBN 978-7-309-15486-3/F·2770
定价: 48.00 元

如有印装质量问题,请向复旦大学出版社有限公司出版部调换。
版权所有 侵权必究